中国艺术家年鉴

YEARBOOK OF CHINESE ARTISTS

文化艺术出版社
Culture and Art Publishing House

曾三凯卷

图书在版编目（CIP）数据

中国艺术家年鉴·曾三凯卷／陈子游主编. 一北京：文化艺术出版社，2012.9

ISBN 978-7-5039-5448-1

Ⅰ.①中… Ⅱ.①陈… Ⅲ.①曾三凯一人物研究 Ⅳ.①K825.72

中国版本图书馆CIP数据核字（2012）第200660号

中国艺术家年鉴·曾三凯 卷
ZHONGGUOYISHUJIANIANJIAN · ZENGSANKAI JUAN

监　　制　今日美术馆
总　　编　易　英
主　　编　陈子游
副 主 编　陆　虹 丁文卿 孙文科
策　　划　大观书屋
责任编辑　吴士新
装帧设计　陈　旭
出版发行　文化艺术出版社
地　　址　北京市东城区东四八条52号 100700
网　　址　www.whyscbs.com
电子邮箱　whysbooks@263.net
电　　话　（010）84057666（总编室）
　　　　　（010）84057691 84057699（发行部）
经　　销　新华书店
印　　刷　北京顺诚彩色印刷有限公司
版　　次　2012年9月第1版
印　　次　2012年9月第1次印刷
开　　本　889毫米×1194毫米 1/16
印　　张　19.25
图　　片　280幅
字　　数　30千字
书　　号　ISBN 978-7-5039-5448-1
定　　价　198.00元

目录

学术推荐

曾三凯的人物和花鸟都画得有味，但他画得最多的还是山水。他的山水画有别于20世纪融合中西追求现场感的写实派，也不同于新时期以来打通西方现代派与中国水墨心象的新探索。论其风格体貌，似乎回归传统，但用意则在加厚文化积淀，讲求艺术质量。

他对传统的沉潜，我看要领有三：一是平淡天成、有无相生的自然观，二是前人“妙在似与不似之间”的胸中丘壑观，三是像大自然一样充满多样统一之美的笔墨观。三者中最关键的是衔接胸中丘壑与大自然生动气韵的笔墨。如果还有什么，那就是他在博士论文中对潘天寿金石笔法的参悟了。

在我的印象中，曾三凯的山水画，在世纪之交已经脱颖而出，然而那时的艺术面貌与眼下的风格颇为不同。那时，他很能抓住光霭中的山形树影，但基本上是用块面表现的，水墨酣畅，光影迷离，有点夏圭“舍形而悦影”的味道，不过更加墨胜于笔。

近些年的作品，则明显突出了点线，强化了用笔，减弱了景观的现实感，彰显了布局丘壑以至笔墨与传统的密切联系。很容易使人觉得他颇得新安派弘仁、查士标的简静荒寒，又上溯沈周、倪瓒，旁参董其昌与髡残，下究黄宾虹，于黄宾虹用功尤多。不过其笔墨个性的拙中带秀、苍中带润是不同于任何前贤的。

——薛永年

序

前一段时间，有两件事让我颇受感触。一是中央电视台10套节目播出的一集关于中国远征军的纪录片，以中国远征军后人间的交往和他们对远征军资料收集过程为线索，其讲述让人感动。而收集这些鲜为人知的史料的难度亦是可想而知的，其中仅仅因为几幅照片，当事人就要数次远赴美国，与当时援华美军的家属和子女查实求证，搜集的过程实在不容易，因此资料成片委实弥足珍贵。历史的真相往往令后人遥不可及，重述这些鲜活的历史场景更显困难。二是通过朋友买到两本书，《碎片化的历史学：从〈年鉴〉到“新史学”》和《法国史学革命：年鉴学派，1929-1989》[①]，这使我了解到上世纪西方史学界年鉴学派的建立和发展。第一代吕西安·费弗尔与马克·布洛赫，第二代布罗代尔，第三代安德烈·比埃尔吉尔与雅克·雷维尔，弗兰索瓦·费雷等，这些年鉴学派发展过程中的主要代表人物，在史学研究领域做出了伟大贡献。在该学派长达六十年的发展过程中，他们一直倡导通过跨学科合作创立新史学的研究方法，并追求建立历史心理学之目标，从而在他们的努力之下，历史学、社会学、经济学、地理学、考古学、政治学等各学科之间的壁垒得以打破。同时通过年鉴方法研究，主张分析社会势力与个人感情（吕西安·费弗尔），提倡跨学科的思考方法（马克·布洛赫），主张开放的学术观，通过心理史、新经济史、民间文化史、象征人类学的研究来推动政治史发展（弗兰索瓦·费雷），重建史学研究方法，打通社会史与文化史。通过重新起用、界定“集体表象”这一概念，克服社会史与文化史之间的隔阂与局限，加强对“心态工具”的研究（罗杰·夏蒂埃），这些新的研究方法和思维角度，逐渐形成了年鉴学派研究的核心价值，亦使其成为世纪史学的研究主流。这使我想到，面对当下、面对艺术和艺术研究，我们如何借鉴与运用前人的研究成果来审视我们所处的时代和个体生命，这是值得思索的一个课题。更重要的是，在当代，我们的记录手段已经变得立体和多元，因为我们可以毫无费力的借助录音、影像、图片等媒体让我们这个时代可以更为“全面”、“多样”的保留下来。像齐白石、黄宾虹、李可染他们那个年代，留给今世的人文资料也是相当稀缺的，尤其影像资料。所以，在注重个体生命、个体艺术价值的前提下，我们以事实为基础，推出《中国艺术家年鉴》系列丛书。丛书主要侧重艺术家个体艺术状态的研究，以同步研究为理念，长时间对艺术家的生活与艺术创作进行多方位的渐进投入式记录。采用语言叙述、文本整理、图片归纳、影像拍摄、学理研究、创作过程跟踪、出版推荐等手段，在不同时间和空间内感知艺术家个体生命的鲜活和本真，让艺术家的生命本体绽放光芒。主编这套系列丛书的目的，就是在尊重个体价值的基础上，为我们的时代艺术在将来的历史写作上保留一些最基本的材料和有益的参考。

“年鉴”之于中国历史的叙述方式并非全无根据，编年体就是重要的历史写作方式之一，而《宋史·艺文志》更有《年鉴》一卷（已遗失）。我们可以简单地把“年鉴”看成是一种编年体，在事物发展的朴素过程中，做朴素的材料整理与记录。

当下，不同文化艺术门类的融通、碰撞显而易见，然而尊重多元化和价值共同体的构建却更应互为依托。因此，在《中国艺术家年鉴》系列丛书的编辑工作中，我们会逐渐邀请一些具有不同文化和教育背景的艺术家合作，通过不同的艺术语言，在我们共同所处的“大时代”的定义下，以个体经验为蓝本，缔结出最为广义的文化认同。

少言多行应该是我们完成工作最有效的方式。

是为序。

陈子游

2010年12月6日

注释：

①《碎片化的历史学：从〈年鉴〉到“新史学”》，［法］弗朗索瓦·多斯著，马胜利译。

《法国史学革命：年鉴学派，1929—1989》，［英］彼得·伯克著，刘永华译。

曾三凯，署若文、觉山、觉山堂主。1974年生于福建泉州。1998年毕业于中国美术学院中国画系山水专业，获学士学位。2003年毕业于中国美术学院中国画系山水专业研究生班，获硕士学位。2007年毕业于中央美术学院首届绘画博士班，获博士学位。现为中国艺术研究院中国画院国家二级美术师，文化部青联书法篆刻艺术委员会委员。

自序

文／曾三凯

相对于学习书法，我的绘画道路走得比较平顺。我从小喜欢书法而未能列席科班，转而习画不久，能顺利从本科、硕士到博士，在每个阶段都能碰到最好的老师，进而到画院从事专业创作。我迷恋用毛笔在纸上欢快地行走，或疾或缓，或浑厚或空灵……从这一点上来说，书画是一致的，这也弥补了我对书法学习的遗憾。

书画关系古人论之甚多，通过实践我可以去体验，可以发现到我自己认为的书画之间的内在联系和区别，在不同阶段都会有不同的体悟。其实，书画与其他艺术形式，甚至是生活中的一事一物又何尝没有联系。

不管书法还是绘画，对我而言，有时觉得像是在做一道数学题，步步推算，探本溯源，目的是在寻找一个未知的答案；有时又像在孵卵，或像在掘井，日复一日，每天似乎在做着无用的功课，但只要方向正确，终将会有获得成果的一天。正如前人说："磨砻砥砺，不见其损，有时而尽；种树蓄养，不见其益，有时而大。"

未来能结出什么样的果子，只有走着看吧。我也很期待。

逸山云林

YISHANYUNLIN

试谈笔墨与自然观

文／曾三凯

引言

历史的发展在更新着人们的观念，反观近现代中国山水画的演变，使我们越来越意识到山水传统有着不可忽视的重要价值，同时传统也并非一成不变。对未来的展望是建立在理性分析的基础之上，对山水画传统的回顾，亦有助于对山水画发展的认识。本文拟就山水画的理论核心——“自然观”在山水传统中与笔墨实践的诸问题作较深入的探讨。

笔墨与自然的关系，在我国传统绘画中表现为自然的视觉节律对笔墨的启示，自然对笔墨的造型角度的制约，天人合一的自然观对笔墨的影响等方面。

宗白华先生曾引用清代画家方士庶《天慵庵随笔》的一段话：“山川草木，造化自然，此实境也；因心造境，以手运心，此虚境也。虚而为实，是在笔墨有无间，故古人笔墨具此山苍树秀，水活石润，于天地之外，别构一种灵奇。或率意挥洒，亦皆炼金成液，弃滓存精，曲尽蹈虚揖影之妙。”宗白华对他所引用的这段话特别地看重，认为“中国绘画的整个精粹就在这几句话里”。宗白华何以会如此看重这段话呢？此段评述确实非常准确、相当精炼地概括了中国艺术那种融汇主观与客观、人工与自然、艺术与现实的关系，一种融合二者的东方意象式关系，即通过人工的笔墨去融汇虚境与实境，以致因心造境，再造出天地之外的东方意象的灵奇。这种艺术思维和艺术创造的确具备典型的东方意象艺术的民族性特质，而作为融汇虚境与实境，主观与客观的重要手段，即是有如“山苍树秀，水活石润”的笔墨。这段话又让人想到董其昌同样精彩的一段话：“以境之奇怪论，则画不如山水；以笔墨之精妙论，则山水决不如画。”这是既看到自然与艺术的不同，又看到各自之长的同样东方式艺术观，其中，笔墨的人的本质特征在此语中得到了东方式的高扬。而这两段话实则又都是围绕着笔墨与自然的关系来谈的。从此角度，我们也可以看到笔墨与自然关系在传统绘画美学中的极端重要性。

1.自然对笔墨的启示：

应该说：笔墨只有源于自然方能有持久的生命力，自然是笔墨之源又是取之不竭的宝库，我们由自然与笔墨的种

觉山系列 90cm×34cm 纸本水墨 2012

觉山系列　90cm×34cm　纸本水墨　2012

种关系中，可以看出笔墨并非写实性的描绘自然，而是在与心手相应的过程中，对自然进行再创造，并对自然赋予的种种启示，如节奏、韵律及结构规律进行感性及理性的把握，这应该是引起我们重视的一个重要方面。

在自然中提取笔墨的表现能力，最重要的是“心会”。

石涛就在《海涛章·第十三》中作了这种充满想象力的对比：“海有洪流，山有潜伏；海有吞吐，山有拱揖；海能荐灵，山能脉运。……山有层峦叠嶂，邃谷深崖，巑岏突兀，岚气雾露，烟云毕至，犹如海之洪流，海之吞吐，此非海之荐灵，亦山之自居海也。海亦能自居于山也。”自然中的山、海在石涛眼中、胸中幻化为一体或山或海，其造型、节律、气势等多方面在“理”上是统一。既然如此，石涛当然可以把二者等同看待：“我之受也，山即海也，海即山也。山海而知我受也，皆在人一笔一墨之风流也。”石涛这种搜尽奇峰，而又立足于造化乾坤之“理”上的自由画法，为石涛创造了灵动多变的丰富画面。石涛的《搜尽奇峰图卷》就颇有这种山海互通之妙。此画笔墨老辣劲健，而造型起伏跌宕，飞舞翻腾，充满洪波涌起般的大海神韵。我们经常可以看到石涛作品中许多突兀出奇的造型和一些奇特的笔法、皴法，如一些圆转、飞动，波浪般翻滚的无以名之的诸般皴法，以及他所自称的“点有雨雪风晴四时得宜点，有反正阴阳衬贴点，有夹水夹墨一气混杂点，有含苞藻丝缨络连牵点，有空空阔阔干遭没味点，有墨无墨飞白如烟点，有焦似漆邋遢透明点”。石涛在自然给予的启示中获益良多。

唐代王维著名的《山水诀》，开篇第一句话这样写道：“夫画道之中，水墨最为上。肇自然之性，成造化之功。”本具虚拟性质的水墨缘何会“肇自然之性，成造化之功”？这对西方人来说，或许十分费解。然而对中国人而言，则相当自然。因据道家哲理，世界的本质就在于无，在于“夫虚静恬淡，寂寞无为者，万物之本”（《庄子》），既然是“无”，是“静”，热闹的色彩如何要得，当然是宁静、单纯、虚无、淡雅的水墨可以充当此种“自然之性”的象征符号了。从这个意义而言，水墨其实就是中古时期具备道禅观念的中国知识分子用以象征自然本性的一种符号，从这个角度，我们亦可理解中唐张彦远在《历代名画记》卷二中的那段论水墨的著名论述：

夫阴阳陶蒸，万象错布，玄化亡言，神工独运。草木敷荣，不待丹碌之彩，云雪飘扬，不待铅粉而白。山不待空青而翠，凤不待五色而綷，是故运墨而五色具，谓之得意。意在五色，则物象乖矣。

正因为世界的本质就是虚静、寂寞、无为，而事物的五花八门的外在表象当然不及自然的本质来得永恒。这也就是缘何与五彩的客观世界大相径庭的水墨世界，按中国人的看法反而可得“玄化亡（无）言”之“意”，而“意在五色”，却反倒要“物象乖矣”。这

大概是较早对世界的本质、本原从水墨角度的符号化表现之一，也算是笔墨对自然事物的重要表现方式之一。此后，尤其是明清强化笔墨之后，笔墨对自然节奏、韵律、结构方式、辩证处理及其他事理的表现，构成明清笔墨表现的重要内容。

2.自然对笔墨造型的制约：

笔墨有精神和表现上的自由，但必须受自然界的种种制约。

笔墨既具精神性，又具造型性和写实性。只有全面地考察笔墨多方面的特征，才能对笔墨有全面而真实的了解。笔墨在远古与中古，一直主要是帮助造型，帮助构成具体形象之用的，这种情况，与远古一直盛行的比兴传统相关。从彩陶到青铜四千余年的历史中，通过与客观物象有关的抽象或具象的符号来传达情感、思想和观念。因此，从六千余年前彩陶艺术出现开始就有的笔线，一直具有描绘这种具象和抽象符号的功能。从有三千余年历史的《诗经》中，我们还可以找到通过一些具体事物来起兴抒发感情的主要手法，即“比兴”之法。而从战国晚期开始，具象写实倾向开始盛行，绘画的再现性特征要求笔线具备描绘具象的功能。同时，中国传统文艺的“意境”与“意象”特征，也使中国艺术总是需要与具象打交道，尽管这种具象可以甚至必须与精神、情感，观念紧密联系、融汇和交织。纵观整个古代中国绘画史，笔墨的具象造型功能都自始至终存在着。然而，这个最基本的史实却经常被今天那些崇尚精神、观念和“自律”的人们所忽视或遗忘。从历史上看，笔墨从属于具象造型，在中国绘画史上从战国晚期以来一直是占据统治地位的。从较早的在“六法”中提出的“骨法用笔”始，就是直接为描绘具象（骨相、骨法）服务的，唐代张彦远《历代名画记》第一个解释“六法”的“骨法用笔”，也是从造型角度谈：“夫象物必在于形似，形似须全其骨气，骨气形似皆本于立意而归乎用笔。”可见是要求以笔线的描绘去解决骨气、形似一类造型问题，张彦远又是中国画史上第一个提出书画同体的史论家，其论书画之同，也是在形：“颜光禄云：‘图载之意有三：一曰图理，卦象是也；二曰图识，字学是也；三曰图形，绘画是也。’又《周官》教国子以六书，其三曰象形，则画之意也。是故书画异名而同体也。”宋代郑樵《通志六书略》谈书画关系，就有“书与画同出。画取形，书取象；画取多，书取少。凡象形才皆可画也，不可画则无其书” 之说，其书画结合之基础也是自然之形。元代赵孟頫倡导书画结合，其“石如飞白木如籀”，不过是以在造型上有相似性（“如”）的书法用笔去加强造型写实能力而已。

北宋郭熙在《林泉高致·山水训》中谈山水“世之笃论，谓山水有可行者，有可望者，有可游者，有可居者。凡画至此，皆入妙品。但可行可望不如可居可游之为得。……故画者当以此意造，而鉴者又当以此意穷之。此之谓不失其本意”。

觉山系列 90cm×34cm 纸本水墨 2011

这种可行可望可居可游的山水画要求其实也并非宋代才需要。元代诸大家莫不是如此。元初赵孟頫《鹊华秋色图》是应友人周密之请而作，真实表现周密生活故地鹊山和华不注山的自然形貌的，其作用有如今天故地留影的纪念性质。尽管后人可以只对此画的“荷叶皴”之类用笔感兴趣。同样，黄公望著名的《富春山居图》，那可真是黄公望富春山居的真实写照。他自题其画“至正七年，仆归富春山居，无用师偕往，暇日于南楼援笔写成此卷，……阅三四载未得完备”。细读此卷，那山、水、树、石、屋宇、道路，无不真切细腻，亦如郭熙《早春图》、若干宋代山水画及赵孟頫的山水作品那样，充满自然山林之趣。

3.笔墨关系与“天人合一”的自然观

自然、自然观、画家、笔墨是相互联系又相互制约的。“天人合一”是把客观自然与人类社会当成一个互有影响的有机和谐整体来考虑的。对以自然为题材的传统绘画来说，这种天（道、造化、自然）人合一的精神必然会折射到绘画中来。南北朝时的宗炳所谓“山水以形媚道”，王微的“图画非止艺行，成当与《易》象同体”等，都说明了中国人艺术中的自然观有着与西方艺术的自然观感迥然不同的态度。因此，天人合一，人天感应的自然观当然也要反映到传统绘画的笔墨中来。如果说，笔墨描绘物象是笔墨与自然关系的主要方式的话，那么，在天人合一基础上去感应天、道、自然造化，则形成了笔墨与自然关系的形而上的性质。恽南田批注道：“画家六法，以气韵生动为要。人人能言之，人人不能得之，全在用笔用墨时取造化生气。惟有烟霞丘壑之癖者，心领神会。”也是要在笔墨所塑造的山水中呈现出真山水所能呈现出或者所需要烟霞丘壑之“造化生气”。恽南田自己在此方面论述颇多。显然，在恽南田看来，倒并非要在绘画中以假乱真，而恰恰相反，要在山水的含蓄表现之中去传达自然的生机。或许唐岱《绘事发微》对笔墨与山川在气韵、精神上的合一性说得较为具体：“画山水贵乎气韵。气韵者，非云烟雾霭也，是天地间之真气。凡物无气不生。山气从石内发生，以晴明时望山，其苍茫润泽之气腾腾欲动，故画山水，以气韵为先也。……气韵由笔墨而生。或取圆浑而雄壮者，或取顺快而流畅者。用笔不痴不弱，是得笔之气也。用墨要浓淡相宜，干湿得当，不滞不枯，使石上苍润之气欲吐，是得墨之气也。既然山川之气已是“苍茫润泽”，故笔墨当然也应苍茫润泽才是。所以用笔须圆浑、雄壮、顺快、流畅，用墨亦得干湿得当、不滞不枯，以应“石上苍润之气”。唐岱甚至在自己的书中给天人合一之“自然”列有专章：“自天地一阖一辟，而万物之成形成象，无不由气之摩荡自然而成。画之作也，亦然。古人之作画也，以笔之动为阳，以墨之静为阴。以笔取气为阳，以墨生彩为阴。体阴阳以用笔墨，故每一画成，大而丘壑位置，小而树石沙水，无一笔不精当，无一点不生动，是其功力纯熟，以笔墨之自然合

俯仰一長嘯山川何壯哉

觉山系列　90cm×34cm　纸本水墨　2012

觉山系列　90cm×34cm　纸本水墨　2012

觉山系列　90cm×34cm　纸本水墨　2012

天地之自然。其画所以称独绝也。……语云：造化入笔端，笔端夺造化，此之谓也。”“以笔墨之自然合天地之自然”，“造化入笔端，笔端夺造化”，真可谓道尽了笔墨与自然那种密不可分的联系，也道尽了东方笔墨作为“形式”，与西方偏重视知觉的“形式”及其“自律”的东西方艺术差异之所在。

笔墨的形态非其“自律”表现的需要，而实在是自然山川，宇宙造化，大气混茫之使然。黄宾虹题画云：“宋画多晦冥，荆关粲一灯。夜行山尽处，开朗最高层。”“余观北宋人画迹，如行夜山，昏黑中层层深厚，运实于虚，无虚无实。” 对夜山的兴趣与其说是受夜山苍茫的启发，倒不如说是对山川苍茫之气的表现的钟爱，引起黄宾虹对夜山的兴趣。这正如元人邓宇志的一段话：“细观米友仁《潇湘奇观》，笔墨温粹，点染浑成。信夫，钟山川之秀，而复发其秀于山种者。”这可谓天人合一的民族性精神的绝妙表述。人钟山川之气，又将此气通过艺术，通过观照而复归于山川自然，达到真正天人合一，宇宙大化之境界。难怪黄宾虹要把这种苍茫浑厚的笔墨境界当成关系民族气数与大家家数的精神性品格问题。他曾有诗云：“唐人刻画炫丹青，北宋翻新见性灵；浑厚华滋我民族，惟宗古训忌图经。”在另一处，黄宾虹又说：“观明季恽向（字道生，号香山）之画，华滋浑厚，得董巨之正传，最合大方家数。”可见，黄宾虹笔墨也并非纯然笔墨自身的事，而实在是山川苍茫之使然。

由此可见，笔墨关系的处理与“天人合一”的自然观密不可分，笔墨要表现出来的是大山川、大境界。

结语

中国山水画以老庄为主的中国自然观为其根苗，在魏晋六朝进一步开花结果，并确立了山水画的精神特质及其独特的性格。经唐宋的经营，蔚为中国绘画之大观。在“现代”语境下，中国的社会、生活、思想、价值观念等文化的各方面均有激烈变化也是无可否认的事实。而西方文化即是人为征服自然的文化，中国传统的自然观则相反。中国的文化，在经历了近代以来一个严重的冲击与激烈的震荡之后；在西方文化回头重新估定自然精神的价值之后，我们或可期望现代中国文化与艺术，在未来仍为人类所景仰与皈依。所以，本人觉得对中国山水自然观的再认识，是一个严肃的课题，也是一个理性的态度，但是，我们对传统要如何去认识、继承、批评与整理，乃至发扬，是非常需要我们的勇气与毅力。

2009年4月30日初稿

2011年4月20日二稿

参考书目：

陈鼓应 注释，《庄子今注今译》，北京：中华书局，1983年。

丹纳 著，《艺术哲学》，合肥：安徽文艺出版社，1991年。

道济 著，俞剑华 标点注释，《石涛画语录》，北京：人民美术出版社，1962年。

董其昌 著，屠友祥 校注，《画禅室随笔》，上海：上海远东出版社，1999年。

冯达甫 译注，《老子译注》，上海：上海古籍出版社，1991年。

李泽厚 著，《美的历程》，北京：北京大学出版社，1986年。

王伯敏 编，《黄宾虹画语录》，上海：上海人民美术出版社，1982年。

袁济喜 著，《中国古典审美理想》，北京：中国人民大学出版社，1989年。

周积寅 编著，《中国画论辑要》，南京：江苏美术出版社，1985年。

周积寅、史金城 编著，《中国历代题画诗选注》，杭州：西泠印社，1998年。

周振甫、冀勤 编著，钱钟书《谈艺录》读本，上海：上海教育出版社，1991年。

宗白华 著，《艺境》，北京：北京大学出版

社，1987年。

宗白华 著，《宗白华文集》，合肥：安徽文艺出版社，1996年。

石涛 著，俞剑华 点校，《石涛画语录》，北京：人民美术出版社，1962年。

王伯敏 编著，《黄宾虹画语录》，上海：上海人民美术出版社，1982年。

觉山系列 90cm×34cm 纸本水墨 2011

觉山系列　90cm×34cm　纸本水墨　2011

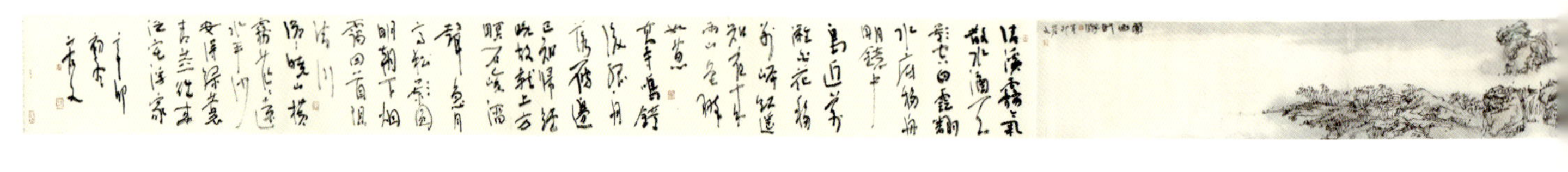

云林烟树　25cm×320cm　纸本设色　2011

云林烟树（局部）×3　纸本设色　2011

拙里秀 古中今

——曾三凯书画观后

文／薛永年

在70后的艺术家中，书画齐头并进者并不多，有之曾三凯便是其中翘楚，以至六七年前，我还在负责中央美术学院研究生部时，一度错把他当做书法博士研究生。而他的绘画确实也得益于对书法的深层领悟与得心应手，有人称赞他“以书入画”，我想是有道理的。

曾三凯的人物和花鸟都画得有味，但他画得最多的还是山水。他的山水画有别于20世纪融合中西追求现场感的写实派，也不同于新时期以来打通西方现代派与中国水墨心象的新探索。论其风格体貌，似乎回归传统，但用意则在加厚文化积淀，讲求艺术质量。

他对传统的沉潜，我看要领有三：一是平淡天成、有无相生的自然观，二是前人“妙在似与不似之间”的胸中丘壑观，三是像大自然一样充满多样统一之美的笔墨观。三者中最关键的是衔接胸中丘壑与大自然生动气韵的笔墨。如果还有什么，那就是他在博士论文中对潘天寿金石笔法的参悟了。

在我的印象中，曾三凯的山水画，在世纪之交已经脱颖而出，然而那时的艺术面貌与眼下的风格颇为不同。那时，他很能抓住光霭中的山形树影，但基本上是用块面表现的，水墨酣畅，光影迷离，有点夏圭“舍形而悦影” 的味道，不过更加墨胜于笔。

近些年的作品，则明显突出了点线，强化了用笔，减弱了景观的现实感，彰显了布局丘壑以至笔墨与传统的密切联系。很容易使人觉得他颇得新安派弘仁、查士标的简静荒寒，又上溯沈周、倪瓒，旁参董其昌与髡残，下究黄宾虹，于黄宾虹用功尤多。不过其笔墨个性的拙中带秀、苍中带润是不同于任何前贤的。

曾三凯近年的山水画，往往有书有画，书画合璧，立轴则于诗堂题写诗句，长卷于拖尾加题，大册则题写诗句于对幅。其书法用笔与绘画用笔，同样拙秀、流动、挺劲而随意，给人的印象是以帖学行草的神韵流动为体，以碑学笔法结体的生拙跌宕为用，大有在山水画中追求林散之草书神韵的刚健虚灵之意。

中国的书法，最具有写意性。摆脱了描写物象的拘束，发挥了运动中的变化，保证了得心应手者写心的自由。书法的基础，是汉字的字体，象形、会意与指事的造字思维，影响了山水丘壑的提炼与营造。书法的熟与生，碑帖的方与圆，笔势的节奏与韵律，书法的境界与格调，蕴含了写意艺术创造的奥秘。

曾三凯的书法最早学帖，大学本科快毕业的时候，

新安道上系列　50cm×45cm　纸本水墨　2002

经过一位老师的点拨，按笔性之所近开始学北碑，读博后又再度临帖，除去二王、米芾外，也临日本的藤原佐理和晚清的何绍基。他的“以书入画”，虽然似乎与董其昌的“笔墨之精妙”论一脉相承，但帖体碑用导致的审美趣味，已经不同于明清和近代的董其昌与四王的传派了 。

在曾三凯艺术的厚积薄发中，目前是画外的学养胜于画内，临摹的功夫胜过写生，书法的妙悟不断启发绘画的进境。他走的路子不是以西式的写生修正传统图式以增加可感性的路子，也不是抛开传统图式法则的水墨抽象的路子，是借助笔墨以开拓胸次的路子，是在天人合一中超然物外以净化精神的路子。

这种取法乎上的目标，给他的艺术提出了致广大而尽精微的要求，也必然使他的艺术面貌一步一个脚印地不断发生阶段性的变化。在中国式的写生中，从古代个性化的“妙在似与不似之间”的丘壑图式中提取状物写心的规律性经验，通过书法笔墨进一步把握当代的审美经验的趋向，可能是他再上层楼的关键所在。

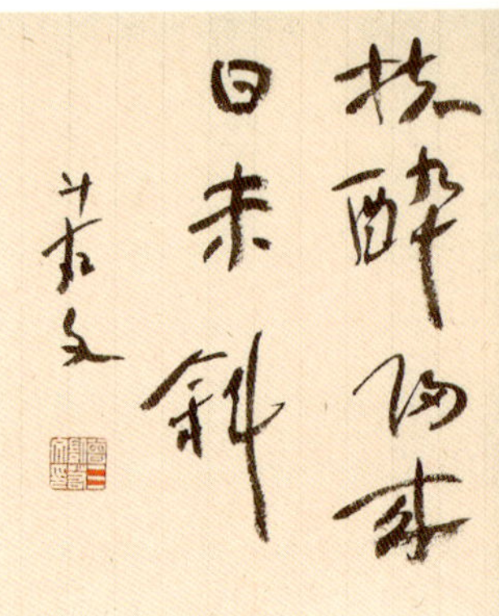

上柏山四屏 120cm×34cm×4 纸本设色 2012

山色有无中

——浅论三凯画意中的“淡”与“幻”

文／高士明

近日读三凯画，时常想起欧阳修《朝中措·平山堂》中的名句“山色有无中”。文忠公所说的是在平山堂上凭栏远眺时，江南诸山似有若无的景致，窃以为三凯近年的画颇得此意趣。

“山色有无中”的意境并非独见于欧阳修，王维《汉江临泛》中就有“江流天地外，山色有无中”之语，而权德舆《晚渡扬长江》中也云：“远岫有无中，片帆烟水上。”所以陆游在《老学庵笔记》中才说“欧阳公长短句云‘平山栏槛倚晴空，山色有无中’，诗人至是盖三用矣。”关于“山色有无中”的意境，文学史上有许多争论，宋胡仔《苕溪渔隐丛话后集》中记《艺苑雌黄》云：

（欧阳修）送刘贡父守维扬，作长短句云：“平山栏槛倚晴空，山色有无中。文章太守，挥毫万字，一饮千钟。行乐直须年少，樽前看取衰翁。”平山堂望江左诸山甚近，或以为永叔短视，故云“山色有无中”。东坡笑之，因赋快哉亭，道其事云：“长记平山堂上，攲枕江南烟雨，杳杳没孤鸿，认取醉翁语，‘山色有无中’。”盖“山色有无中”，非烟雨不能然也。

文忠公短视与东坡为之解嘲二说多属臆测，不足为信，但却由此引出一个问题——所谓“山色有无中”到底是何种景致？山色这若有似无可以由烟雨迷蒙至，也可因岚霭而生。东坡讲的自然是前者，欧阳修起句就是“平山栏槛倚晴空”，故多指后者。从王维《汉江临泛》最后的那句“襄阳好风日，留醉也山翁”看来，他的“山色有无中”所指自然并非烟雨。然而无论是由烟雨迷蒙至，还是因岚霭生，“山色有无中”描述的都是依稀隐约之貌，于似有若无中，自有一股缠绵。而此时的“看”，也正如李日华所说的“意之所游”——“山色有无中”自在“目力虽穷，而情脉不断处是也”。此种景色情致在意趣上，一方面通向“淡”，另一方面则暗示了“幻”。这两种境界，三凯一直惦念于胸。

对于“淡”，三凯自有心得：山色淡则远，远则虚旷幽玄。玄未必色暗，犹如淡未必色浅，而是指物象隐约，落实在画面，就是指“迹淡”。由是三凯不独钟爱淡墨，而且着意简笔（简笔先需减笔），笔简墨淡，素雅自得风致。然而，对于三凯而言，“淡”更重要的是指含义深远的“意淡”。意淡则疏散，三

凯作画多率意而发，随机而动。随笔点缀，但求大意之象真，而不拘于绳墨之周全；不致力于造境，而用心于平淡而容；着力于在笔墨上求生动，运笔灵转活泼，用墨淡雅自然，笔与墨会，气韵遂生。当代画家用笔过速，笔意往往存不住而失之浮薄，究其原因，在于笔力之虚实未存意于纸笔之间。三凯用笔松灵、笔意简淡，取一“散”字，却散中有序，迹散而神全，每每能够置之险地，而后生其情致。

明以降，画家多追求浑厚，破墨晕染，干笔积墨往往同时兼用，通常先用淡墨立骨，勾勒皴擦。由淡而浓，层层添加；皴擦渲染，由浓而淡，则湿而干。讲究皴有浓淡，染有笔意，或晕染，或积叠，或破醒，方得墨韵生动。三凯的画，则于干笔皴擦、淡墨渲染之间取其一格，虽用墨多勾染而少皴擦，擅晕墨而少积墨，多湿和而少干笔，然自能求其清淡，得一己之面貌；用笔文雅秀润。于转折顿挫之间解提按之妙，故虽秀而不浑，却未必流于巧薄，且自有一种鲜丽风姿。

三凯素仰黄宾虹先生之“浑厚华滋，苍雄深厚”，但其自身笔性却更新和倪云林一脉，于董香光的秀雅温润也颇有会心，兼之其人中和隽爽，作画时每能解气静神虚之意，笔者以为其取志当在散淡清灵、前净通透之境。而欲求达此境，其门径仍需在此“淡”字上用力。

“淡”字在画史中颇有渊源。米芾称董北苑“平淡天真”，董其昌说巨然之画风是“平日淡墨轻烟”，都提到一“淡”字。淡的对立面不只是浓、重，更是巧、俗。“淡”用“意淡”，没有纵横习气，摒除作意，与真、散、简、雅相契相合，才能得“淡”字真味。清代鉴赏家李佐贤题黄公望《富春大岭图》曰：“声希味淡，无迹可寻，《诗品》所谓‘羚羊挂角’、‘香角渡河’者，其斯之谓欤。”声希味淡，乃就绘事而论，指的是清虚澹远，不着痕迹。而声希味淡又是本于《道德经》第四十一章的“大音希声”，李氏由此将此“淡”字引向一个更深远的意义。王弼注曰：“听之不闻名曰希，不可得而闻之音也。”“大音希声”、“大象无形”都是在说“道”之“隐”。

道或隐或显。隐者造化之所藏，显者造化之所用。道德于无名、无声、无色、无相，而一切声、名、色、相又皆是隐者之所见。道之为物，在隐在显，以有无之心求之，则隐为无，显为有，以真幻之名相视之，则隐者为真，所显者为幻。真幻有无，在实在虚，相契相依。对于个中道理，三凯有会于心，常引《文赋》所言“课虚无以求有，扣寂寞而为音”自省，又常以之论绘事，认为世人所谓“虚胜于实”、“无胜于有”、“简胜于繁”实已落入言筌。

落笔之际，尽心于虚实生变。即前人所谓“虚实实虚”。“虚实”就是“实者虚之”，“实虚”

觉山系列 90cm×34cm 纸本水墨 2011

就是“虚者实之”。也即“虚中求实，实中运虚”。一面运无入有，一面力求笔少意多：“笔纵可数意不了，墨彩欲无情转浓。”如此虚实相生，乃成画理，措置得当，使人不可捉摸，于是“生变”，于是“画外有画”。

就笔墨而言，严谨繁聚而浓厚处为实，疏散简洁而冲淡处为虚。善画者以虚破实，以实破虚。然所谓“虚实”，有居于笔墨之上者，在物之有无，在象之隐显。虚实有无之间的互相转换，为“幻”，为“化”。在此“幻”非“空”、“无”，而是在显隐生化之间、似有若无之际。上文诸诗人所谓“山色有无中”，或许可以此义解之。幻居于有无之间，真性湛然。而此处之幻所以得见（现），皆在于“意淡”。虚心淡意，澄怀味象，则万物万象在现与不现之间恍惚幻化，山色也就自在有无之中。

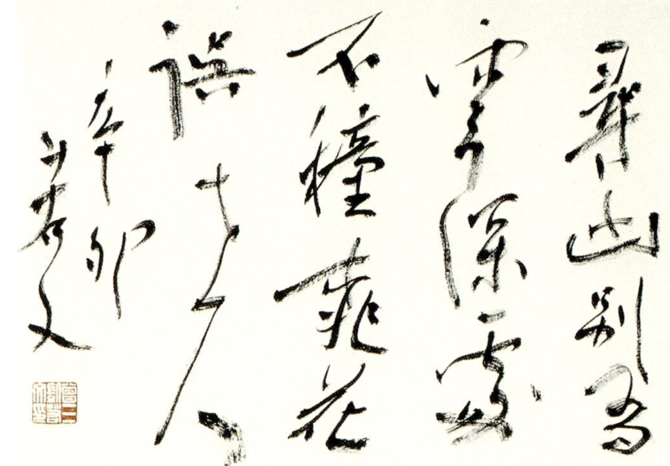

觉山系列　90cm×34cm×2　纸本水墨　2011

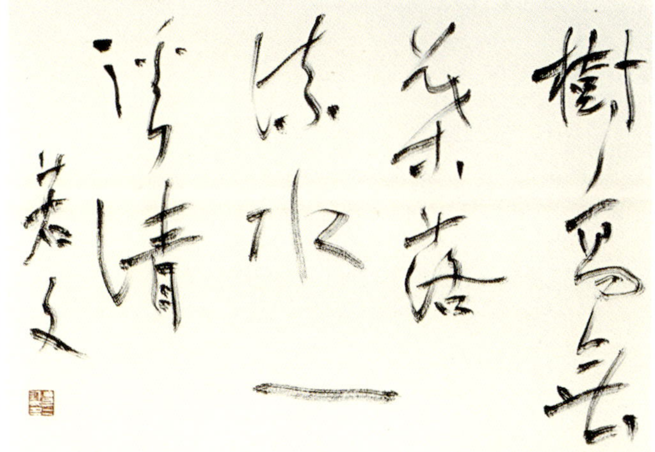

觉山系列　90cm×34cm×2　纸本水墨　2011

承前启后 古意高华

文／孙国华

唐·李汉《昌黎先生集序》："先生于文，摧陷廓清之功，比于武事，可谓雄伟不常者也。"今天我们看曾三凯的画同样会有这种感受。曾三凯画无粉本，但墨积于心，得山川神气，并记在胸，一扫烦琐刻板与怪恶之风，于中国现代山水，同样有摧陷廓清之功。禅宗有云，"实相无相，微妙法门"，曾三凯的山水在结构与造型上便是这样一种无相之"实相"，但却能给人带来"直指人心、见性成佛"般的顿悟。在这种意义上，我们可以说曾三凯的山水绝非世俗之作。陶渊明在《桃花源记》中有这样一段优美的文字："缘溪行，忘路之远近，忽逢桃花林。夹岸数百步，中无杂树，芳草鲜美，落英缤纷……屋舍俨然。有良田美池桑竹之属。阡陌交通，鸡犬相闻。其中往来种作，男女衣着，悉如外人。黄发垂髫，并怡然自乐。"这种景致本应该是中国人心目中的大同世界，臻于完美理想居所，但是这些仍然是"田园"和"世俗"的，因为在南北朝战乱频繁、百姓流离失所的前提下，这便是最美好的憧憬和避难所。这个居所承载的是陶渊明罢官之后对脱离现实政治争斗的解脱，小农简单的田园生活是对其心灵的安慰，崇尚的是一种轻松、简单、自内的生存方式。这种生存方式是古代文人一种退则"归隐"山林的理想途径，但是，这是否是一种真正看透俗世的行为呢？还是存在争议的。在曾三凯的山水世界中我们看不到"芳草鲜美，落英缤纷"等直接刺激视觉感官的五色美景，也看不到"阡陌交通，鸡犬相闻。其中往来种作，男女衣着，悉如外人。黄发垂髫，并怡然自乐"的世俗理想。于是，我们可以说，曾三凯笔下的山水是超越世俗理想的，是承载和寄托着如禅宗所说的"大彻大悟"之境界的精神体。

曾三凯之山水画面虽然简练，意蕴却不凡。而这种不凡首先源自于曾三凯有一颗如佛家所云的"自性清净心"，其山水看似随意任情，唯心所适，但能使我们在"言不出口，气不盈息"之下，能够沐浴到一种"如对至尊"般的精神洗礼。清代船山先生《姜斋诗话》对中国诗歌写景状物曾经有过非常透彻精辟的分析，例如"苏子瞻谓'桑之未落，其叶沃若'，体物之工，非'沃若'不足以言桑，非桑不足以当'沃若'，固也。然得物态，未得物理。'桃之夭夭，其叶蓁蓁'，'灼灼其华'，'有其实'，乃穷物理。"这种表达我们在中国山水画中也可以看到许多类似的面貌，即在表现山水树石的物态上穷尽笔墨为能事，但是这种繁笔厚墨

觉山系列　90cm×34cm　纸本水墨　2011

的山水由于过度强调自身对自然物理形态本体感受的表达，因此在精神表达上往往“犹恐失之”，无令“仁者心动”之处。

前两年看曾三凯的山水，曾试图用秀润、清淡、空灵、隐逸之类的形容词来加以诠释和解读，而今再看他的作品，发现之前的理解只是对它浅层次的很表面、很肤浅的一个视觉上的认识，只觉得观之很享受、很舒服，对其风貌形成的内在文化底蕴却并未深究。再度观之，更像是欣赏一篇优美而富有诗意的散文，在满足视觉感受的同时亦充实了心灵，在轻松愉悦中亦感知了自然的生命、生活的哲理和文化的启迪，于是曾三凯的这篇诗情画意的“散文”便有了人情的温度与人文的关怀，更有了它当下存在以及持久存在的价值和意义。而对于其作品格调外显得清雅、通透、灵趣、淡逸之品相，看似飘忽、悬浮、游离，很虚无，实则有着深厚文化的根基和滋养，正所谓“形散而神不散”。

打开曾三凯的山水作品，即刻便能感受到扑面而来的古韵和古意，但细细品之，却丝毫看不到模仿古代某家某派的痕迹。孙立言曾说“曾三凯的画既有宋人的浑厚大气、元人的野逸，又有清人的纵横排傲”。此言确实不虚，看他用笔用墨的洒脱淋漓、畅快不滞，我们能够感受到宋范宽山水的浑厚华滋；再看他幽深飘逸意境的营造，又暗含着元倪云林山水中那种萧散旷远的兴味，而他灵活巧妙的构图，又彰显了清四王健劲而又变化多端的力度与章法。从这个意义上可以说，曾三凯对传统绘画以及传统文化的学习，是建构在形而上之精神高屋建瓴的观照，是对传统绘画的内在精神和传统文化的深厚底蕴的领悟，即传统之“神”，而不单单是学习点技法、形式等皮毛。由此我们也可以断言，曾三凯作为一个画家，是极有悟性的，只有具有敏锐的眼光和通透的领悟力，才能直入传统绘画和传统文化的精神腹地，并且化而为之，所以说他画中古意并非匠意造作，而是其对于传统精神领悟后化为自己审美意趣的真实凸显。由此我们又看出曾三凯很踏实，面对当下这个视觉的时代，他从不想着投机取巧，从现在纷纭繁多的样式中套取一些元素或者符号，拼凑出所谓的一个风格，而是踏踏实实、有条不紊地从研习传统文化入手，这是一个沉寂或者说沉淀的过程，靠的不仅是聪慧的头脑，更要有耐得住寂寞的精神。作为一个年轻的画家，曾三凯走的不是一条捷径，但无疑却是最为坚实、最具延伸性的一条路。

看曾三凯近期的山水作品，发现其品格愈加清透、峻朗与磊落，用笔用墨也更加确定、果断，没有丝毫的拖泥带水，结构上更为精谨，在意境上不仅仅追求一种诗意的朦胧美，更彰显了一种傲然风骨和独立品格，这无疑是其坚持书法入画、深研中国传统线条的一大成效。看他题为“分野中峰变，阴晴众壑殊”的这件作品，极见用笔之功力，画面中错落有致的山石、松树、小路、茅草屋皆用笔勾勒而成，可谓笔笔中锋，元气淋漓，提按顿挫交相呼应，起笔用锋，落笔回转，所以那些线条看起来都是那么的圆润、刚健、挺拔、遒劲，虽没有浓笔重墨的厚重，但仍使人感觉到一种洒脱和痛快。整幅作品，稍加淡墨晕染，笔为墨点睛，墨为笔增辉，简笔淡墨共同营造了一个清远、简淡、旷达、野逸的视觉世界。黄宾虹说“古人墨法妙于用水，水墨神化，仍在笔力，笔力有亏，墨无光彩”。曾三凯显然深谙此理，他以笔为先，打开了绘画的一个新局面。再看他的“寒山”系列作品，用笔凛厉，左右回顾，前后相映，线条的表现更为流畅，但却不疾不徐，好像带着行云流水般的飘逸走到观者面前，使人不禁惊叹作者用笔的精妙以及功力的深厚。这一系列作品线条细匀灵动，在纵横交错中自如地穿插游走，却气韵贯通。稍有墨色萦绕其间，浅浅淡淡，在山石丛林中时隐时现，好像一种思绪在带领观者走入其山水的深处。而他的“觉山”系列作品，线条的运用依然是天马行空，神龙变化，刚劲中充盈着婀娜，笔法的起承转合，一气贯通。画面的布置亦精谨细密，用墨也稍浓重一些，顿觉得像一个消瘦的人立刻丰腴起来，虽削弱了骨感美，但却增加了厚重感，可谓不相伯仲、各有千秋。可以说，变化多端的种种笔法、点画、结构、意态、精神等浑然天成地构成了曾三凯作品的气骨与品格。所以，曾三凯的作品在某种意义上是一部线条的交响曲，画中那些线条即是一条条各富深意的生命线，激活了画面中的一山一石、一草一树，原本沉静的山水便立刻鲜活起来，可观，可读，可听。

但要读懂曾三凯的画，需要较深的书法修养，他

觉山系列　120cm×34cm　纸本水墨　2011

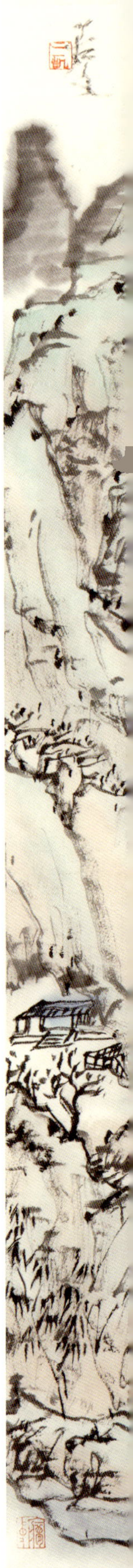

觉山系列 90cm×34cm×4 纸本设色 2012

觉山系列 60cm×34cm 纸本设色 2012
觉山系列（局部） 纸本设色 2012［右页图］

的这种技巧深度同样以一种“无相”方式显现出来。曾三凯的山水寄托着上古以来对“礼”的追求，其笔墨技巧同样不是服务于“鲜美”、“丰茂”等物态的，直追三国魏时期钟繇在书法上提出“多力丰筋者圣，无力无筋者病”的要求与标准。《易传》云“至哉坤元，万物滋生，乃顺承天”，曾三凯亦深得始于秦两汉魏的“用笔者天也，流美者地也”的要义，其遵循的是中国周易对世界万物的宇宙观。而且，在上述基础上，曾三凯是深知并且通透黄宾虹用笔之五法的。黄宾虹所强调的“平、圆、留、重、变”，曾三凯对此都进行过细细的推敲和解读，并且付诸于实践，他曾反复不厌地临摹五羲之、孙过庭、杨凝式、米芾、王铎等大家的作品，继而研碑，对很多作品都有涉猎。通过对传统书法用笔意趣的研究，进而参悟中国山水画的精髓与奥妙，更主要的是续接了中国传统文化之文脉，这对美术史而言，是一不容忽视的贡献。在这个意义上，曾三凯的绘画艺术不仅仅是纯粹个人情怀的抒发和个人审美意象的表达，而是更具有了文化的启承意义。

并且，曾三凯对待艺术是极其虔诚的，虽没有作画前沐浴更衣、净手焚香的仪式，但他总是以自己的内心在观照传统、观照自然、观照社会、观照人性，所以他的作品沉寂但不死寂，萧瑟但不荒芜，清凉中透着温情，刚健中暗含柔软。我想曾三凯应该是崇尚“天人合一、道法自然”的道家思想的，他的山水不仅是对自然的一种亲和，更为人们提供了一个可居可游的视觉和心理空间，亦暗合了道家思想的“齐物”“逍遥”，这是一种精神的“大自在”。当然，这种“大自在”不是自私的、自我的，不是一个人的孤芳自赏，而是于生活中和观者情感的沟通、心灵的碰撞和精神的畅游，由此，我们亦感受到了曾三凯的“仁人之心”。所以，不管从哪个方面看曾三凯的画，细细品之，总能品出不同的味道。

東風隨春歸
發我枝上花
覺山

觉山系列 90cm×34cm×2 纸本设色 2011

觉山系列　280cm×68cm　纸本水墨　2011

觉山系列 280cm×68cm 纸本水墨 2011

觉山系列　120cm×34cm　纸本水墨　2011

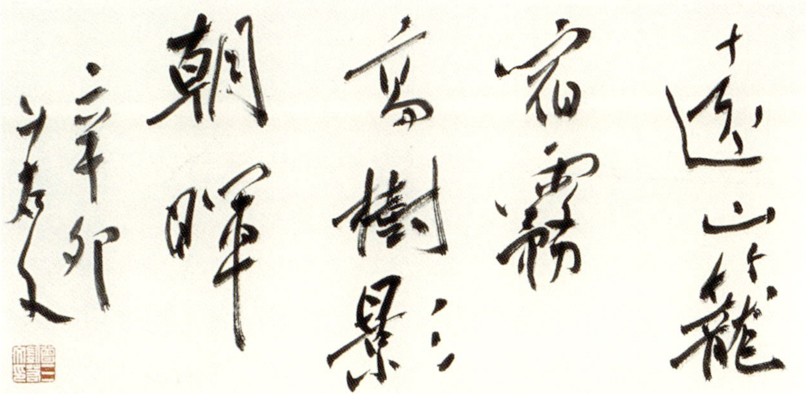

觉山系列　120cm×34cm　纸本水墨　2011

觉山系列 160cm×34cm×2 纸本水墨 2011

觉山系列　160cm×34cm×2　纸本水墨　2011

觉山系列 160cm×34cm×2 纸本水墨 2011

觉山系列　160cm×34cm×2　纸本水墨　2011

觉山系列　160cm×34cm×2　纸本水墨　2011

觉山系列 160cm×34cm×2 纸本水墨 2011

山色有无出高华

文／孙立严

古人云“水到渠成”，是为至理名言。年轻的曾三凯从闽南大地一路书香盎然，直达京城。春华秋实，获学士、硕士、博士学位；翰墨芳菲，一派大家风范。

曾三凯的硕士研究生阶段是在中国美术学院渡过的，而其博士生的研读是在北京中央美术学院完成的。众所周知，两大院校的具体教育有着明显的差异。从南北的绘画探索分析，北方以北京为首的绘画创作注重人文精神，注重一种内心壮美的艺术追求；而南方以江浙为首的艺术创作更注重表达生活的小趣味和灵巧的笔墨功夫，这两种艺术创作各有所长。因而两大教育体系精神互补，也为立志求学者提出了更高的标准和要求，开辟了更为广博精深的探索发展空间。曾三凯是聪明的。在中国画发展的繁荣时期，曾三凯选择了在南北两所著名院校完攻读山水画研究的硕士、博士学位，这无疑是画家一开始就把自己的艺术坐标定位在高格上，知难而进。这样在得天独厚的艺术王国里，使他敞开心扉吸纳着传统优秀文化精神的琼浆玉液，而强身健体。在他那里，中国山水画已变成了民族文化心灵和历史情感的寄托。这样一来，他的山水画创作和理论探索便具有了全新的时代意义。其力图将山水画的创作推向极致的丹心可见。事实上，历史也证明了，从荆、关、董、巨一直延续到现代的吴昌硕、齐白石、黄宾虹、潘天寿、李可染等历代大师，首先是学者才成为其画者，一个文化修养之集大成者，才有望成其为艺术大师。艺术家的民族文化精神、人格魅力对现实生活的体悟与艺术家的综合素质是成正比的！

南北迥异地域差异和文化氛围差异并没有障碍和束缚曾三凯的山水画创作和理论探索，反而深得其精髓，守住民族文化精神这一根本，以灵敏的艺术气质和深厚的文化涵养，糅合出一曲超逸脱俗、淡雅清丽的韵律，完美和谐的山水乐章。性灵、修养、才情全在其中。正所谓“集其大成，自成机杼”。所以曾三凯的画中既有宋人的浑厚大气，元人的野逸，又有清人的纵横排傲。那翰墨淋漓、浑厚华滋的风骨，风行雨散、空灵内秀的神韵，气韵贯通，静中求动，秉性而睿智。丹青舞动中一任自在、无拘无束、轻松自如的展示着自己的艺术魅力，足见其艺术功力和文化涵养的博大精深。所以，他绘画中的“临事制宜”与“从意适变”，飘逸散淡之情怀与气韵贯通之笔墨糅和的自然而然的天衣无缝，畅情达性，达到“天人合一”的境界。如孟子所说：“万

觉山系列　160cm×22cm×3　纸本水墨　2011

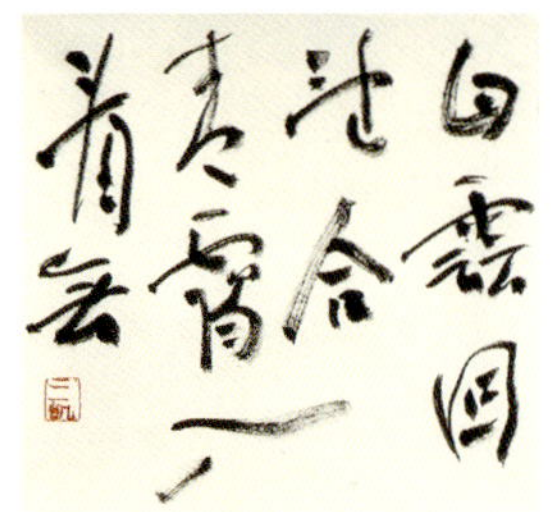

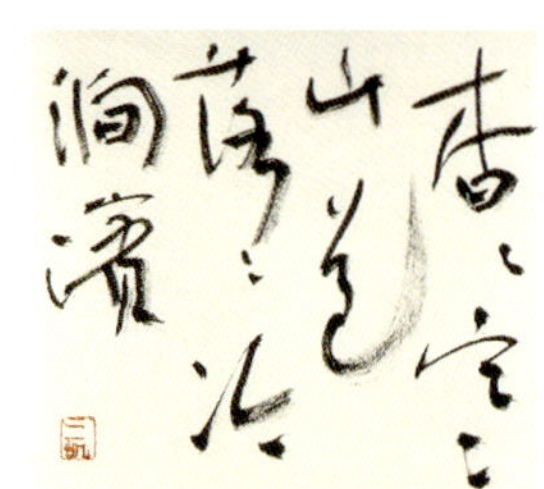

觉山系列　160cm×22cm×3　纸本设色　2011

觉山系列（局部） 纸本设色 2011

物皆备于我。”庄子所说：“天地与我并在，万物与我为一。”可谓体性悟道，妙言造化，物我造化。所谓“玉壶买春，赏雨茅屋。坐中佳上，左右修竹。白云初晴，丝鸟相逐。眠琴绿阴，上有飞瀑，落花无言，人淡如菊。”正是画家脱尽尘俗的胸襟与自我精神“共成一天”境界之艺术写照。

“气韵生动”是中国画的最高审美标准。董其昌《画禅室随笔》云：“读万卷书，行万里路，胸中脱去尘俗，自然丘壑内应，成立鄞鄂，随手写出，皆为山川传神。”恽南田说：“画家六法，以气韵生动为要。”清代画家方士庶《天慵庵随笔》有这样一段论述：“山川草木，造化自然，此实境也；因心造境，以手运心，此虚境也。虚而为实，是在笔墨有无间，故古人笔墨具此山苍树秀，水活石润，与天地之外，别构一种灵奇。或率意挥洒，亦皆炼金成液，弃渣存精，曲尽蹈虚揖影之妙。”曾三凯认为：“这段话，非常准确非常精炼地概括了中国艺术那种融汇主观与客观、人工与自然、艺术与现实的关系，一种融合二者的东方意象关系，即通过人工的笔墨去融汇虚境与实境，以致因心造境，再造出天地之外的东方意象的灵奇。”唐岱在《绘事发微》中对笔墨与山川在气韵、精神上的合一性说得较为具体：“画山水贵乎气韵。气韵者，非云烟雾霭也，是天地间之真气。凡物无气不生。山气从石内发生，以晴明时望山，其苍茫润泽之气腾腾欲动，故画山水，以气韵为先也。……气韵由笔墨而生。或取圆浑而雄壮者，或取顺快而流畅者。用笔不痴不弱，是得笔之气也。用墨要浓淡相宜，干湿得当，不滞不枯，使石上苍润之气欲吐，是得墨之气也。”故年轻的曾三凯在山水画的创作中，“以灵性驾驭笔墨”，似信手拈来的笔墨造型，灵动多变的丰富画面，诗情律动的美，都抓住了山川的神情气韵，“再造出天地之外的东方意象的灵奇”。正如黑格尔所言：“主体抛弃自我，意识就伸展最广阔，通过摆脱尘世有限事物，就获得了完全自由，结果就达到了自己消融一切高尚优美事物之中的福慧境界。”

曾三凯的作品颇具文人画风之特点，而且继承了传统文人画之神髓。石涛就讲：“师古人之迹，不如师古人之心。”故曾三凯的画具有极为深厚的传统功力，极讲究笔墨功夫，却又分不出纯属具体的哪家哪派。师古而不泥古，传统出新。北宋郭熙在《林泉高致·山川水训》中谈山水：“世之笃论，谓山水有可行者，有可望者，有可游者，有可居者。凡画至此，皆入妙品。但可行可望不如可居可游之为得。……故画者当以此意造，而鉴者又以此意穷之，此之谓不失其本意。”曾三凯所追求的正是这种泉落青山，白云出岫，坐卧观之，可居可游。“平山栏槛倚晴空，山色有无中” 的天人合一的诗一般的“大象”，启人无限遐思。由此可见，年轻的山水画家的内心世界，蕴藉了“奇异之秉赋，奇异之怀抱，奇异之学养，奇异之…… ”与烂漫天机。“一帘烟雨，润物无声”。“达心适宜”，“不染俗尘”，这既是他的画境，也是其心境，隐含着无限的禅机。

“艺术的魅力就在于能够创造出一个象征的隐喻的世界。艺术家的天性愈高，涵养愈深，则作品的意趣愈浓。”曾三凯以其灵敏的艺术气质和深厚的学识涵养，开阔的艺术视野，传统出新，因此提升了画面的境界和格调，拓展了中国画的表现空间和审美空间。其绘画与作诗，以得趣生韵为上。因而观其作品，清新脱俗，格调高致，迥出天机，仿佛置身于静逸空灵，淡泊宁静，潇散清冽，天人合一的陶公笔下的世外桃源，平生心灵之自然回归的精气神，与诗一般的田园生活的憧憬和向往。沉着酣畅的笔墨，淳厚而幽远；清雅自然的韵致，空灵中见温厚；丝丝的玄妙之音，飘逸中得沉稳；超拔不俗的审美情怀，一种深层次的视觉震撼力，那诗意丰厚的美，自画面中跃然而出。正如潘天寿所说：“奇中能见不奇，平中能见不平，则大家矣。”

“腹有诗书气自华。”曾三凯以其丰富灵敏的内心世界，书写着中国山水画从笔法和格调、气度和意趣上产生了全新的“山川与予神遇而迹化”的精神魅力，诗书画印融会贯通，脱颖而出，已达到了高华之境界。

闽南孕育了曾三凯的灵性和禀赋，美院的学习深造，丰富的文化修养成就和发展了曾三凯。“得自天机，出于灵府。”“情驰神纵，超逸优游，临事制宜，从宜适便，有若风性雨散、润色开花，笔法体势，最为风流。”用张怀瓘《书议》评王献之书法语来评价曾三凯的画，或许并不为过。我们应当作如是观。“超逸优游”、“临事制宜”、“从宜适便”，正是曾三凯中和隽永、淡泊宁静、秀雅温润、澄味怀象之写照。曾三凯勤学精思，取法上乘，才华横溢，以“简淡”养其身，以“虚静”为终极，气韵与骨法兼得，出手非凡，终得大成，笑傲今之中国画坛。

春山烟岚

CHUNSHANYANLAN

学书小记

——《曾三凯书法集》后记

文／曾三凯

年幼的记忆中，经常看见哥哥用透明九宫格玻璃卡纸在描摹着柳公权体的雷锋日记字帖。那时，觉得写毛笔字是件好玩的事情，同时，很喜欢墨锭在砚石上研磨飘散出来特有的墨香。小学时，村镇街边那长年挂着的泥金红纸上书写着粗壮笔划的“莲花开并蒂”已经泛白的毛笔字幅以及刻印在墙上显眼位置当时年轻人T恤上流行拓印的毛体“福建”的红色大字的工艺社，是我喜欢驻足的地方。到过年前，我有时还会整天守候在这工艺室春联摊档前，观看这位据说在解放前曾当过金门镇长的老先生的现场挥毫，看他用饱含墨汁的斗笔在纸张上提按徐疾游走和在纸上留下好看的字迹。回家后，有时也亦步亦趋地模仿着。这下才意识到用柔软的笔毫写出那么漂亮的毛笔字并不是件容易的事……上了中学，开始用每月省下的零花钱跟同学到城里去购买字帖和书法书籍，才发现汉字书写的世界原来这么多姿多彩，便大有“更上一层楼”的劲头！兴趣作祟，偶尔也做点出格的事：比如在同学帮助下趁着空气潮湿的雨夜偷偷揭下觊觎多日的某幅新春门联；以遗失为理由，用数倍的赔偿价钱换来一册从文化站借来的爱不释手的《书法》杂志……

说到这里，想说两个小故事：记得在我报考美院书法专业时，此专业毕业的一位朋友X说起他同学Z《张猛龙碑》写得非常好，说是临破过三本《张猛龙碑》。听起来有何绍基“遍临汉魏各碑至百十过”的意思。那时意识里能写好一个字帖的量化标准是“破帖三册”。尽管事与愿违，我在第二年上了山水专业，但这还是成了我的目标，每次看见喜欢的字帖便买上三本。其实，在具体书法的学习中，我时常思维跳跃，往往很快会沿着感兴趣的作品风格的脉络上下展开，从临一个帖到临一组帖。至今为止，真正能从临破的字帖只有荣宝斋出版的《元彬、元绪墓志》和文物出版社出版的《张猛龙碑》，而认真临过的帖倒也不少；另一件事是刚上美院，听高年级同学W绘声绘色地讲述花鸟专业M老师的传说，当其读研究生时，每天到画室作画前都先写光一盆墨的大字。这听得我钦慕不已，回头再看这位老师书法，嗯，的确是不一样。可能印象太深吧，这书写习惯在我就读研究生之后也不知不觉地养成，延续至今。

或许本行是画画的缘故，对于何为书法“创作”，我一直比较疑惑，不知专业的创作是怎样的心态和历程。我在书写中除了想到选择某书体能更合适表达书写的内容以外，很少有别的“创”的想法，更多的只是书写的正常要求：把一个字的笔划姿态写好，把一行的节奏呼应关系把握好，把一幅的章法位置安排好。而作品能做到“自然”，能符合“理、气、趣”三要则是我努力的方向。

这里收入的作品包括了近十年的日常习作，有临摹、变体以及随性书写，自己觉得看着还好的作品便汇集起来。因此，难免有些杂乱。尽管如此，关于这段时间审美上的趣味和追求，我想应该能体现在这些作品中了。我没想过刻意要追求某种作品风格，它们现在的面貌是由着自己兴趣学习的结果。而以后又将变成什么面貌，只能顺其自然，我认为兴趣点自会引导作品的发展方向，至于风格，以后自会慢慢显现。对于漫长的学书之路，十年是多久？我想，也许只是一个学期，或者算是一个单元吧。

出本书法集的愿望可追溯到上初中时。我清晰地记得，曾和热爱写字的同桌多次在课堂上花哨地设计着各自未来书法集的封面。所以说，这集子可以说是圆了自己的少年时的梦想。

2012年7月1日

焦山系列　90cm×45cm　纸本水墨　2012

焦山系列　90cm×45cm　纸本水墨　2012

焦山系列　90cm×45cm　纸本设色　2012

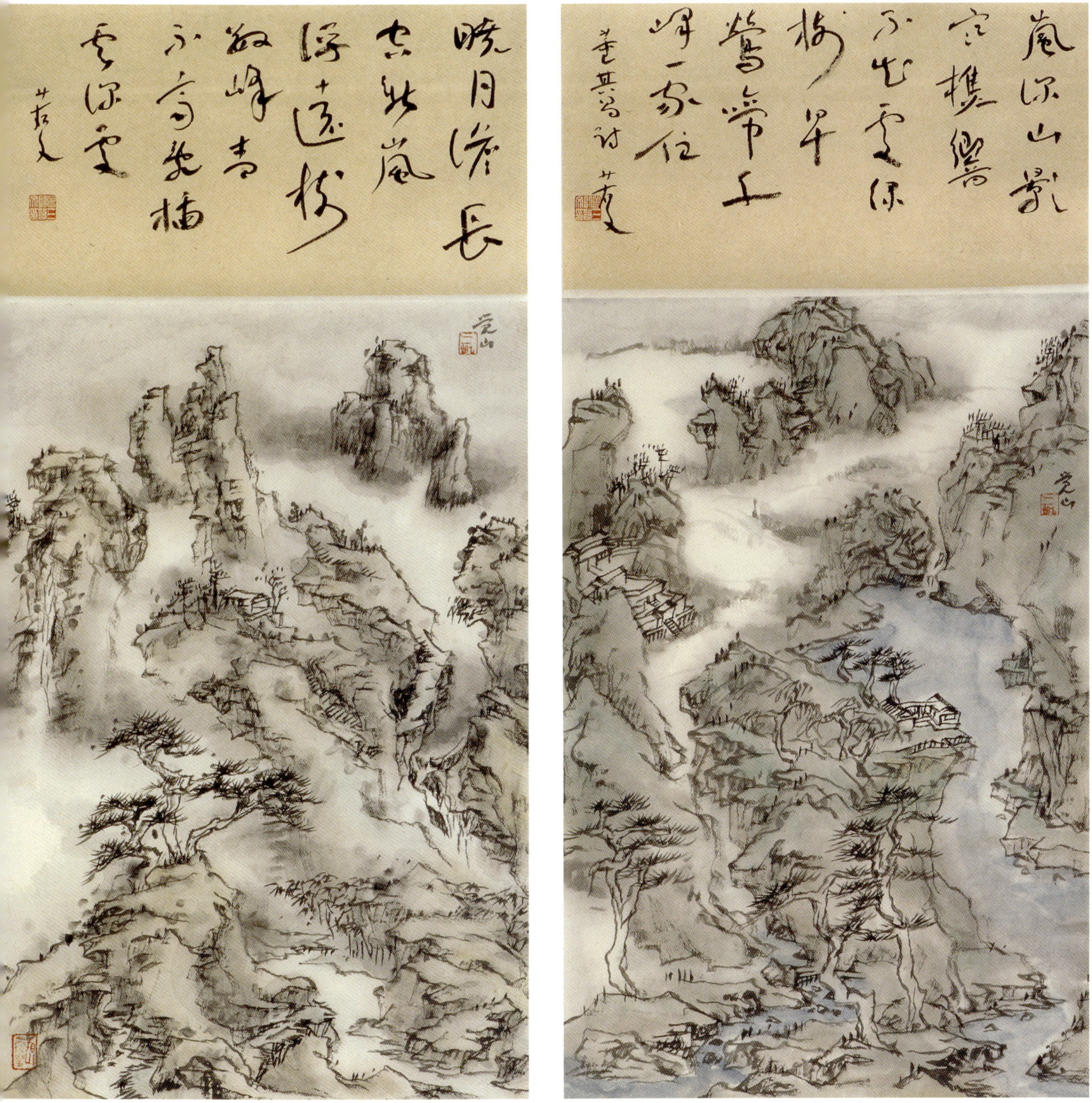

焦山系列　90cm×45cm×2　纸本设色　2012

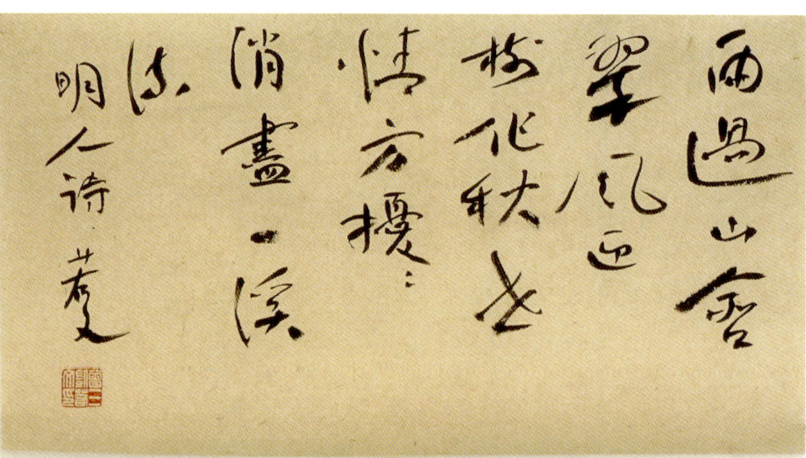

焦山系列　90cm×45cm　纸本设色　2012

焦山系列　90cm×45cm　纸本设色　2012

焦山系列　170cm×70cm　纸本设色　2012

焦山系列　170cm×70cm　纸本设色　2012

焦山系列　60cm×135cm　纸本设色　2012

焦山系列　60cm×135cm　纸本设色　2012

焦山系列　70cm×170cm　纸本设色　2012

新安之一　34cm×140cm　纸本设色　2012

新安之二　34cm×140cm　纸本设色　2012

新安之三　34cm×140cm　纸本设色　2012

虞山系列　170cm×34cm×4　纸本水墨　2009

苦瓜佛去画人少 谁写拖泥带水山

——读曾三凯《气结殷周雪——潘天寿山水画研究》

文／王犁

人文学科博士论文的出版，一直成为学界阅读的宠儿。因为撰写博士论文的阶段，是一位学者成长经历中最好的时光：熟悉本学科前沿研究的状况，无太多社会琐事羁绊，并且年富力强。正是在这样美好的阶段，曾三凯撰写和出版了自己的博士论文《气结殷周雪》。

大概是同为闽南人的林语堂说过：最好的人生经历，莫过于童年和少年的乡村记忆，青年时期大学的求学阶段，一定人生阅历后又回到高等学府从事研究直至退休。在近现代美术史上，李可染先生的求学经历堪称奇迹，上海美专时期就结缘潘天寿、诸闻韵，国立艺专时期又是林风眠、吴大羽等油画前辈的学生，重庆时期又深得徐悲鸿先生的赏识，最后回北京在中央美术学院终老一生，期间又以不可复制的缘分，成为齐白石、黄宾虹二老的叩头弟子。笔者本科时期与同学在柳浪闻莺散步，在西子湖夕阳的余晖下，聊到学习中国画最好是本科阶段在杭州比较安静，硕士阶段在北京有较广阔的视野，当时还没有绘画创作类的博士这一说。曾三凯本科、硕士求学杭州，博士攻读于中央美术学院，正是一种理想的选择和我们这一代人的福气。

以前美术院校除了美术史专业有博士学位，实践类的国、油、版、雕、设计等最高学历只到硕士。近十年陆续在少数几所重点院校设立实践类的博士学位授予资格，正如中国美术学院的许江先生在《通人的追求》里阐述的“中国绘画的通人传统，使我们有理由在绘画经历了分科之学，以画种为科目，以培养绘画与理论各具所长的专门人才为目标的今天，来重新思考绘画理论建设问题”。而实践类博士生的培养正是继承我国通人教育的伟大传统。

大家一直关注南北两所院校首届实践类博士生的培养，薛永年先生在这套“中国艺术博士论丛”的总序中，也谈到首届中国画实践类博士培养的基本要求，要在开题阶段厘清：“一般性的发表心得与研究新问题、解决新问题的学术论文，帮助没有接受史论学术训练的实践类博士研究生适应学术研究，着力于后种能力的培养。”还提出：“在国家没有设立美术实践类博士点的情况下，参照史论类博士研究生论文的一般要求把好论文关，是完成学业的必需。但同时以为，实践类博士论文的选题，应该结合本专业的创作与发展，研究理论问题，总结历史经验，特别在传统深厚的中国书

画领域，尤应重视研究优良传统在不同条件下的演进、发展和丢失，以便心明眼亮地把握艺术规律，明确前进方向，发挥个人才智。”曾三凯就是在这样的要求下，选题、阅读、收集、梳理，从开题到完成论文，边学边做，在做的过程中进行较为严格的美术理论研究的方法训练。

早就知道他选择的“潘天寿山水画研究”通过开题，当时就觉得三凯选题的智慧：1.作为山水画家的曾三凯，山水画肯定是自己熟悉的领域；2.近现代美术史的个案研究相对容易获得资料；3.虽然“传统中国画四大家”研究在美术史家近二十年的努力下已经成为显学。中国美术学院国画系、潘天寿纪念馆、潘天寿艺术基金会对潘天寿原始材料收集和研究的系统性，在四大家中起步较早，文献的整理和出版较为全面。但潘天寿的山水画研究，在潘天寿研究中并没有深化。4.作者的学术经历也为完成研究带来天然的优势，这里的学术经历包括作者的求学经历，他南北的老师大部分都是潘天寿先生的学生，可以听到师长对潘天寿先生的切身体会。在选题过程中，我有幸陪三凯兄拜访吴山明先生，聆听吴山明先生谈对潘天寿先生的看法，娓娓道来如沐春风。学术经历还包括作者自己成长经历中的学习侧重。都知道曾三凯杭州山水的本硕、北京的博士，但不知道他本科前作为一个闽南顽童，来杭州学习美术，一直致力于考书法专业的准备，从考前到山水本科阶段的画画之余，大量时间进行倾向于碑学审美的书法训练，

其刻苦程度几乎天天通宵达旦，仿佛那时就开始为研究潘天寿的金石趣味作准备。记得本科毕业时几张魏碑的创作，引起书法系教授蒋进的推崇，还问三凯要更多的图片，帮助贴在“书法江湖”上，供专业人士赏评。

作为画家出生的美术史研究者，从研究对象作品的文本出发，三凯小心翼翼地整理了《潘天寿现存山水画目（含存目）》，其中包括：作品出处、题目、创作时间、材料、尺寸、收藏、款式、印章。并把梳潘天寿先生留存文献，以及已有的研究文献，编辑了《潘天寿艺术的风格分期》、《潘天寿主要著作目录》（著作、文章、散佚著作与文章）、《潘天寿作品出版物》、《相关研究资料》（著述、期刊论文、报刊、西方学者专著、参考书），在这样的资料寻访与案头整理的前提下，训练自己对美术史个案研究基本方法的把握。全文以潘天寿艺术创作中山水画创作的艺术特色为核心，从笔墨、画面结构、指墨山水、典型的图式分析，结合潘天寿山水画相关理论，以及潘天寿诗词提供的相关信息，放进近代山水画演变的历史背景里，来回答潘天寿是怎样实现传统的创造性转化，如何应对西方强势文化的挑战，以自己独特的方式和坚持来应对新中国成立以来政治挂帅的社会环境。并以自己独特的见解继承晚清金石学的贡献，与黄宾虹夫子异曲同工地解决了金石笔法入山水的历史难题。

近代画家的研究，虽有各种画家的基金会、纪念馆的组织和推广，文献出版也林林总总、洋洋大观，由于撰写者自身的原因，大多停留在忆旧和纪念的层次上。近代中国画大家的研究在近二十年的努力下已具规模，如郎绍君之于齐白石研究，王中秀之于黄宾虹研究，刘曦林之于蒋兆和研究。潘天寿研究成绩颇为突出，如潘先生的同辈邓白先生的《潘天寿评传》，严善錞、黄专先生的专题研究《潘天寿》，为同时期个案研究的翘楚，曾三凯先生《气结殷周雪》的出版，更是为个体研究的深入添砖加瓦。

在阅读中，让我们感受到潘天寿先生对民族文化与生俱来的自信心，在自身绘画实践的醇化中面对风雨飘摇的青年时期，蓬勃激越的中年时期。再天才的画家都离不开时代的影响，陆俨少先生曾说过受石涛影响成功的惟有潘天寿一人，其实民国石涛的影响几乎成为与四王一路抗衡的潮流，如张大千、萧谦中、唐云、俞剑华、傅抱石等，以石涛为代表的遗民画家在民国初年引起重视，是否与排满的革命风气有关，还是以石涛等为代表的新安画派有别于四王的自然生机吸引了那个年代的画家。到了抗日战争时期这种文化上的风潮，对清初遗民画家的重视，从排满转化为抗倭，如傅抱石在逃难宣城还利用有限的资料编译《明末民族艺人传》，“深感诸名贤伟大之民族精神，实是我国数千年来所赖以维系之原素”。潘天寿先生对苦瓜个山的偏爱是否有那个时代的因素有关，需要专家进一步研究。细究“传统四大家”的学习脉络，都有超出常规之处的见解。从潘天寿先生早期留存的绘画和书法作品来看，除了学习吴昌硕的那个阶段相对稳定，在自己的风格形成前几乎无迹可寻，绘画是青藤白阳个山苦瓜，书法是吉金版牍到晚清时风，但有一个坚定的信念让他可以面对一切完善自己审美世界的强大魄力，与同时代海派的“三吴一冯”更是迥异。正因在“五四”后的特殊年代，画家在并不成熟的年龄段，以怎样的才华去支撑对民族文化选择的坚定信念值得进一步细究。面对喜欢的苦瓜佛，也有其特殊的方式，从其1935年《江洲夜泊图轴（二）》开始，1944年《江洲夜泊图轴（三）》，1953年《江洲夜泊图轴（四）》，1954年《江洲夜泊图轴（五）》，用近十五年的时间，对石涛五十五岁客歙县岑山渡松风堂时期所作的《清湘书画稿》（故宫博物院藏）首段《泊舟图》进行变体，从转换用笔到转换构图，甚至变换笔线的角度形成画面空间的分割，以及笔线自身的力度，来完成自己内心的诉求。潘天寿先生在这个时间段和这么大的时间跨度，呈现的特殊案例并没有引起研究者的注意。

现在发达的出版业不是“文革”后第一届美术史研究生郎绍君、丁羲元一辈在完成硕士论文时可以想象。翻阅着曾三凯先生的《气结殷周雪》，朴素大方的书籍装帧和简洁明快的图文安排，为这套“中国艺术博士论丛”增色。本应更加明晰的目录，被设计者较为特殊的安排，带来查寻的不便，应该是这套丛书版式的瑕疵。看到书肆中诸多博士论文的出版，作为读者也深感同享我们这个美好时代的福气。

2011年8月24日

中国艺术博士论丛

《气结殷周雪——潘天寿山水画研究》 曾三凯 著，文化艺术出版社2010年5月第一版（北京）。

2007 届毕业生圆满完

春山烟霭（局部） 纸本设色 2011

110　万古苍烟（局部）　纸本设色　2009

岸清風桃花紅
一江春水柳影绿

庭幽曲径

TINGYOUQUJING

园林系列 35cm×160cm 纸本设色 2008

梦回园林

——观曾三凯国画随感

文／半谷

“君到姑苏见，人家尽枕河。古宫闲地少，水巷小桥多”、“绿浪东西南北水，红栏三百九十桥”，“一条水巷弯弯流，水巷的船儿轻悠悠，巷边桃花胭脂色”……许是“文化一脉”的缘故，生于无锡、长于无锡的我，对苏州、特别是对苏州园林有着一种特别的情愫，在中学时代就已经把苏州有名或不甚有名的园林景点几乎都走了一遍。

今天，翻看博艺网推出的“曾三凯艺术网络大展”，见其中竟有着“苏州园林”专题，心中对画家顿生亲近之感。逐一欣赏，更构起了我心中对苏州园林曾有的美好回忆，恍惚之间似乎又置身于“小桥流水人家”的意境之中。

苏州园林，在造园艺术上倡导“移步换景、以小见大”、“模山范水，叠石疏泉”，以小巧、自由、精致、淡雅、写意见长。其造园艺术与我国传统的文学和绘画艺术具有深远的历史渊源，特别受到唐宋文人写意山水画的影响，是文人写意山水模拟的典范。中国国画讲究疏密有致，疏处可以走马，密处不使透风，注意景物高与低，近与远的变化与层次。同样，苏州古典造园艺术也巧于布局，运用建筑、假山、水池、花木、巧妙地把全园划分为主次分明、疏朗相间的大小空间，组合成各具特色的景区，并善于借景和对景等造园艺术，追求从园内各个角度观察都能尽可能多地观赏园内景物，即使在屋内、院内，也能通过窗户和漏窗等观景赏景，“不出城廓而获山水之怡，身居闹市而有林泉之趣”。

曾三凯笔下描绘的苏州园林，在章法经营中借鉴了由立意而组景的造园法则，将园景作了适当的裁剪和借移，以求得“小中见大”的效果。苏州多水，园林也多水，故而图中多以淡墨渲染，以浓墨破之。斑驳的院墙、曲折的游廊，是最主要的表现主体，画面因此而打开撑满。同时纳入一池吹皱的春水，更显水汽氤氲。水阁亭榭，假山荷池，湖石剔透，锦鳞游水，苍郁的树木间书斋掩映；加上随意点缀的漏窗、卵石，和随风摇曳的柳梅，以动衬静，虚实相生……所有的一切，遂将苏州园林美景，以及园景中的文人雅趣表现得情景交融而引人入胜，让读者感到身在园林中

的温暖和舒展，整个画面由此而变得可观、可居、可游。

曾三凯似乎没有复现过某一处具体的名园旧苑，而是因心造景，借助笔墨“造园”，抒发怀古思旧之幽情。在气韵上体现出氤氲淋漓、幻化空蒙的艺术特点，作品中墨气郁勃，滋润洒脱，率意而蕴藉，奇险而秀润，特别是巧拙相生、浓淡渗化造成的离奇苍古感，给作品平添了几分虚静与神秘。尽管不是某一处苏州园林的具象表现，但曾三凯笔下的园林又何尝不是人们心中的苏州园林呢？！苏州园林的妙处只可意会，不能言传，只能自己去看去体验，而不是文字和语言所能描述的。曾三凯通过自己的笔墨表现出了他心中的苏州园林，巧妙地展示了苏州园林诗化、“人”化之美，让人在画外、在心中舒舒坦坦地享受一番园林间物我交融的体味。

游苏州园林，心要静下心来，慢慢品味，慢慢体会。观曾三凯的画，似乎也应该这样。

姑苏行　45cm×50cm　纸本设色　2005

姑苏行　45cm×50cm　纸本设色　2005

姑苏行　45cm×50cm　纸本设色　2005

姑苏行　45cm×50cm　纸本设色　2005

姑苏行　45cm×50cm　纸本设色　2005

姑苏行　45cm×50cm　纸本设色　2005

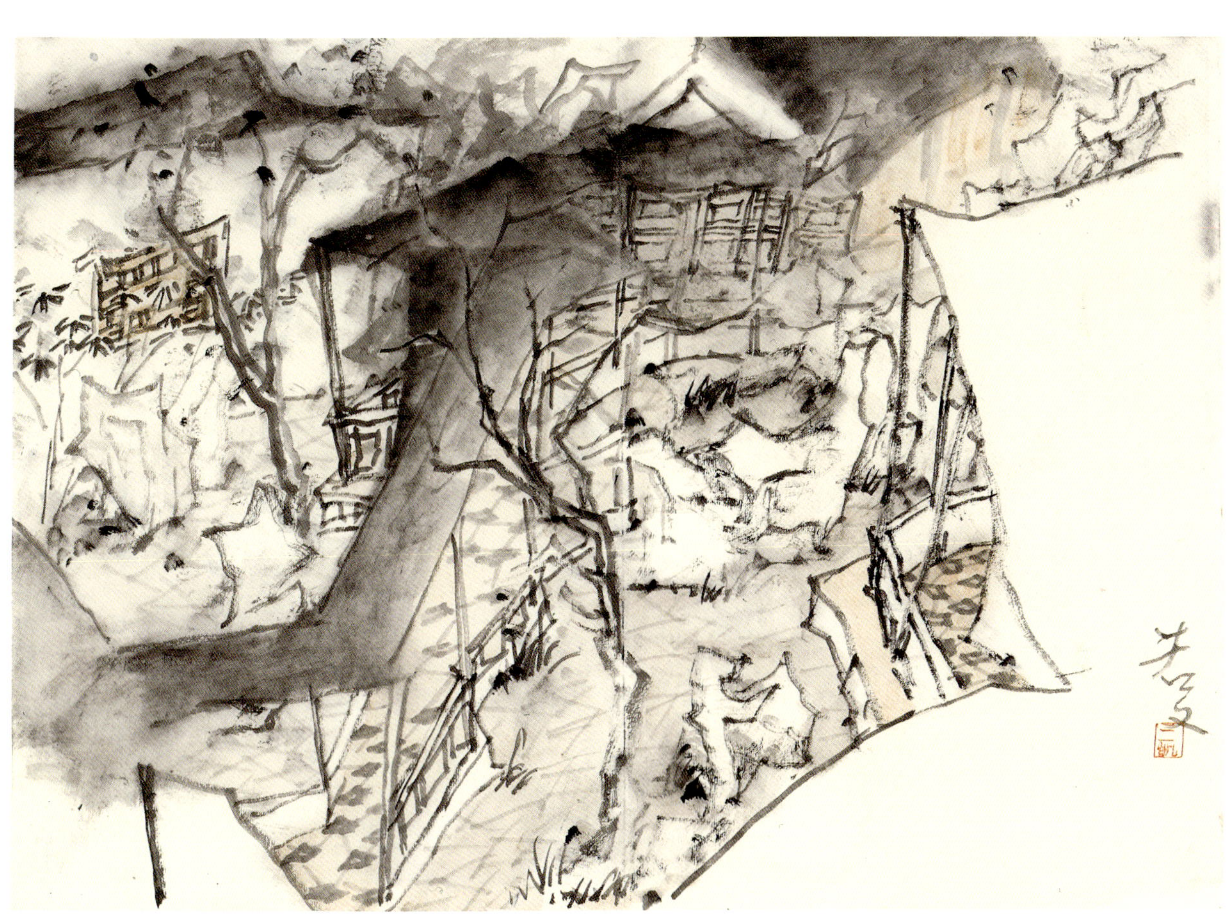

姑苏行　45cm×50cm　纸本设色　2005

水墨冷调

——读曾三凯的《园林系列》作品

文／汪为新

世之论画者言："妙与生意能不失真，如此矣，是能尽其技。"明人计成又说："顿开尘外想，拟入画中行。"执画笔者得意忘象之余往往凭一次偶然，常常留恋终生。

十几年前我途经苏州，浮光掠影地去过拙政园、留园、网师园和环秀山庄，曾经想，作个"滞留"此地的画家该是多么幸福的事：可以听绕梁之音，可以聆天籁之乐，可以品沁香之茗，也可闻芳菲之馨；既可心静意淡，也可空纳万象。中国的造园艺术与中国的文学及绘画艺术在今日看来是何等一致。

因我本人也来自南方，对园林厅堂的命名、匾额、楹联、雕刻，以及花木寓意、叠石寄情有着天生的向往，而意想里古人的行止坐卧、歌咏谈笑又让我颇感迷醉，故十几年前的脚力所触使我对园林的记忆挥之不去。

近来看三凯的作品，常让我思念偶遇过的园林，想起那些粉墙黛瓦，想起烟雨濛濛的苏杭湖边小屋：湖平之浮光，山媚可餐之秀色，沿湖植柳，周围有梅，冬春花开，冷香四溢，而作者却高卧期间；窗外是幽静的水庭，可静观穿阁而过的绿水——或与佳人同赏墙前的竹石；或携古书里说的"幽人"掠过荷花池面；仰可观古树蔽日，俯可闻花香清溢；转而见山，山下有洞，洞壑宛转，曲折盘桓，犹如雾里之迷阵，面对山径水廊，起伏曲折，当你呆若木鸡之时倏忽"虽有人作，宛自天开"的梦里景象，却浑不知人间春秋。或许惟有对联曰"三五步，行遍天下；六七人，雄会万师"才足以表达平生夙愿。

按理说三凯是福建人，我想他面对的画面应该是闽南那种平远景色，山峦连绵起伏，云烟掩映出没，平坡树水成簇，偶露平屋一角，景致却十分简括的那种。而三凯

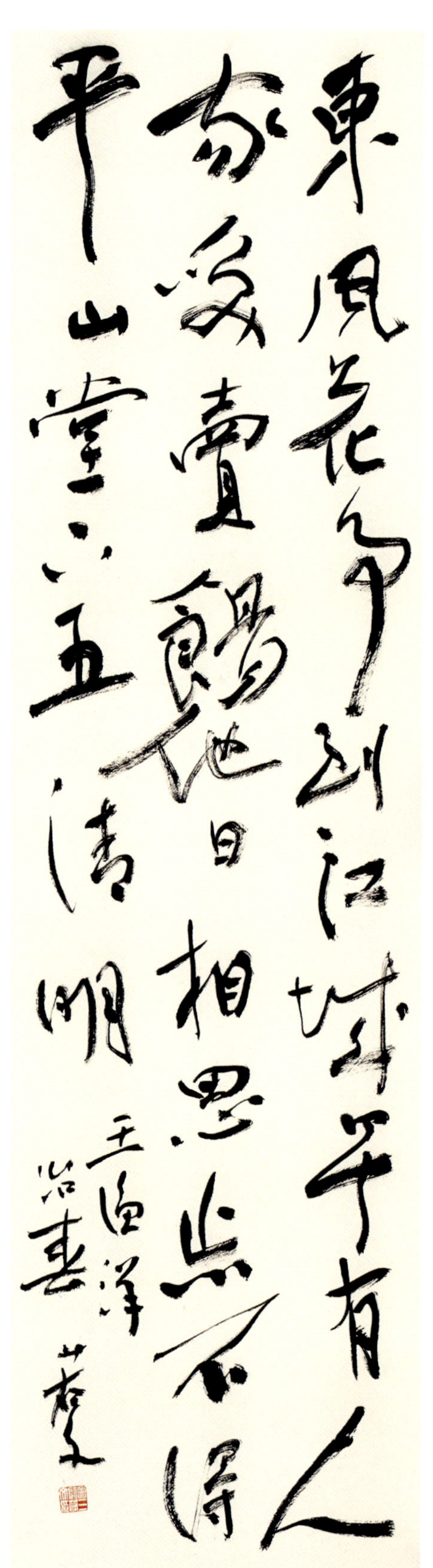

王渔洋诗 120cm×35cm 纸本墨笔 2012

笔下的园林却使人移步苏杭，且表达的那么得体，这或许与他的园林情结有关，也许与他在杭州的就学有关。在他的画中，随心搭建园中湖石，任意安放亭台楼榭，或明媚喜雨，或了然晴空，山石轮廓主要用以线表现，先勾勒，通过水墨的层层渍染、墨色的浓淡变化，以及横卧的浑点散落，来展现景物前后层次，远山眉黛则显得朦胧、滋润、圆浑。树木的干、枝不作勾勒，而以浓淡墨渍大小点染，树叶亦无双钩和点攒，而改为大小横点，它与园林建筑相辉映，将山、树融为一体，平添了混沌之感，而没有真实情景里的瘦削；飘浮其间的云烟，或留空白，或稍渲染，或勾描出云头、云脚，若隐若现，富有流动掩映之态。这些表现方式，简逸中隐深邃，传达出三凯自己对江南园林所寄寓或所冀求的文人心态。

有时我想，三凯即用“信笔为之”的水墨写意法，依仗墨色的自然晕渗和笔触的随意挥洒，也可求得偶然的出奇效果；但他却以线贯穿，即用大小的圆形横点来塑造园林的形体，连点成线，积点成片，以点代皴，以点代叶，布景用笔于浑厚中仍饶峭峭，莽苍处转见娟妍，纤细而气益闳，填塞而境愈廓；这是用笔墨叙述心境时的外化。

其实中国绘画在1500年前便主张用笔墨实现内在心灵与外在自然的沟通，一支笔，一片色，在不经意的随机运笔施墨当中展现出山、水、树木与空间的关系与淡泊幽远的心境，观赏者透过极少的画面，得以品鉴出艺术家的精神境界、才情格调、灵性悟性、气质风范与个性内涵。

三凯俨然个中老手，合造化之工，凭一杆细笔，一钵浑水，把一片园林的春夏秋冬、金碧楼台调配得淡雅清秀。常言“不知西施之美，固不在调脂抹粉”，我想三凯水墨里“含思凄婉”的冷调，于园林的雕巧整饬可能并不相干，而借园林的文人情调发自我之幽情才是三凯所想。

其实自古以来凭山水之托直达“逸品”、或所谓的“尚气重韵”、“淡泊清逸”绝不乏人，不论是赵孟頫“水墨浑染点草草，绿荫环绕清高雅”，还是黄公望“层峦叠章碧山青，杂木莽林气宏伟”，抑或是倪云林“江上春风积雨晴，隔江春树夕阳明”等，他们的作品都表现出了一种“简逸恬淡”的意境。

只是在当代喧嚣的都市里，再去用“逸品”之格因彼证此，三凯乃大不易者！

丁亥年岁末匆于琅园

园林手卷（局部） 纸本设色 2008

园林系列 100cm×25cm 纸本设色 2008 [左]

园林系列 140cm×35cm 纸本设色 2008 [右]

园林系列　100cm×25cm　纸本设色　2008［右］

园林系列　140cm×35cm　纸本设色　2008［左］

园林系列 190cm×45cm 纸本设色 2007

园林系列（局部） 纸本设色 2007

园林系列（局部） 纸本设色 2007

园林系列　190cm×45cm　纸本设色　2007

园林系列 140cm×35cm×3 纸本设色 2007

园林系列　140cm×35cm×3　纸本设色　2007

丁亥
若文

丁亥
若文

园林系列　35cm×70cm×2　纸本设色　2008

园林系列（局部） 纸本设色 2007

逸品园林

——简议三凯笔下的园林

文／赫赫

自董其昌揭橥南北分宗说以来，在人们心中便多了南北之别这一魔障。比照元赵孟頫钱舜举之“士气”“隶体”的阐释，又不知清廓多少亦不知模糊几重。倒是张怀瓘之“神”“妙”“能”“逸”更为允当。

然学画者头脑中自有优劣高下之别，本不该有所谓文人院体，南宗北派之别。所谓趣味无高下也。但论者为方便评说有此种彼种之分别自是难免。当然南宗自可为一脉络，我则更倾向于品格论的界定。无疑的，观三凯的画，此种审美经验便会即刻作出判断—其画当属逸格。

黄休复说“画之逸格，最难其俦。拙规矩于方圆，鄙精研于彩绘。笔简形具，得知自然，莫可楷模，出于意表，故目之曰逸格尔。”然而对“逸格”的把握，对表达一个的载体，画者自有不同的选取。三凯选择了园林。中国古典园林之创意由于有了文人士大夫的巧思，自然要求合于空灵、清淡、简约、隽永的诗情画意。园林本身具有深幽雅逸之趣。只是三凯将笔墨赋予园林逸气一独特之阐发而已。可以说三凯的园林是再造了的逸品园林。换句话说是将园林之造化融入画者逸品之心源。

园林本如画，而再要去画园林，则又未尝不是一种“误读”。画园林者忌巧与甜，贵简与逸。三凯则以简逸胜，是以去甜俗巧弱之金针也。恽格所言“画以简贵为上，简之入微，则洗尽尘滓，独存孤迥。”最可得逸之三昧。三凯以逸笔写生，简远恣肆，意度萧散。点缀坡石亭榭，无不超逸。以金石石碑版入山水画，其笔墨所到，极富韵致。窥其所宗，则知画初学倪瓒，后参沈石田、弘仁、戴本孝及近世黄宾翁、陈子庄。深得懒散荒寒之逸趣。三凯于书法也用功甚勤。这无疑大大提高了其绘画的品格。其书法以墓志碑铭为基参以米芾刷字之跌宕。古秀高俊，详雅洒落，偶有率笔，亦天真可喜。其格调在康南海、徐生翁之间。也当算作书法中之逸格一路。书画之关系颇可令人玩味。历来画之笔法演进大多总随书法笔法演进流转。以书法对用笔及线质的讲求来衡量画中用笔之优劣并引导其向深层发展。三凯画中之一树一石，皆可作书法观。更有趣的是，三凯画中之经营分布又可与三凯久习的《姚伯多兄弟造像》之结字相互参。其支离烂漫可谓一同也。

三凯以泼辣之笔墨写空寂之园林，水墨淋漓，放浪形骸。闲亭曲桥零落可观。其野逸不受规矩约束处可为“破袈

裟法”作一印证。画面中看似零落空疏的笔墨意趣似合于牧溪的“粗恶无古法”，一者是对拘谨精致之院体画风的反叛，二者是其不落入学院俗套的逸格表现。逸中崇尚的简贵清空是与学院标榜的深入扎实相不侔的，三凯于此大有会心。三凯画贵在笔简而意远。此中有真意，然则欲辩已忘言。不足与不知者论此。文人画之主旨乃是于丹青之外必要指向比形似更深入一层的表现和追求。追求者何？化自身以为画也。修养人之气格与画作之格实为同一。人之逸而画不能不逸。故曰鉴赏收藏家非止于鉴赏收藏画作，实鉴赏收藏画人也。庄子所谓“视乎冥冥，听乎无声。冥冥之中，独见晓焉；无声之中独闻和焉。”此境界正与三凯的逸品园林之境相沟通。

园林的造境是以移步换景，曲径通幽而胜。这又何尝不是中国文化中观照自然的方式。中国人的空间观乃是游心太玄，俯仰自得式的。三凯犹善作园林山水长卷。展卷观之，湖石树桥皆随意生发。何处是拙政园何处是网师园皆不重要，“士气”“南宗”的概念亦不重要，重要的是它们皆统一于三凯再造的逸品园林世界中了。

园林系列 35cm×70cm×3 纸本设色 2008

若文

若文

园林系列　35cm×160cm　纸本设色　2008

园林系列　35cm×160cm　纸本设色　2008

园林系列　35cm×160cm　纸本设色　2008

园林系列　35cm×160cm　纸本设色　2008

园林系列　35cm×160cm　纸本设色　2008

戊子
若文写

新安清远

XINANQINGYUAN

162 新安道上系列 50cm×45cm 纸本水墨 2002

新安山水（局部） 纸本水墨 2009

新安道上系列　50cm×45cm　纸本水墨　2002

新安道上系列　45cm×50cm×2　纸本水墨　2002

新安道上系列 35cm×25cm 纸本水墨 2002

新安道上系列　35cm×28cm　纸本水墨　2002

新安道上系列　45cm × 50cm　纸本水墨　2002

新安道上系列　45cm×50cm　纸本水墨　2002

娄东印象　220cm×90cm　纸本水墨　2010

积墨山水　100cm×55cm　纸本水墨　1995

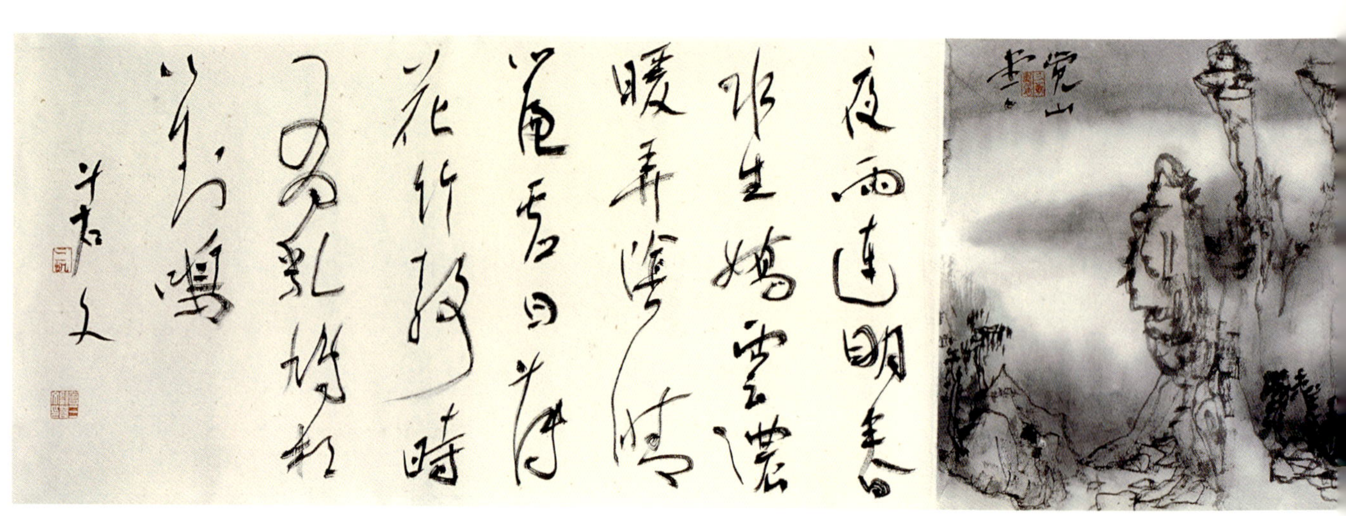

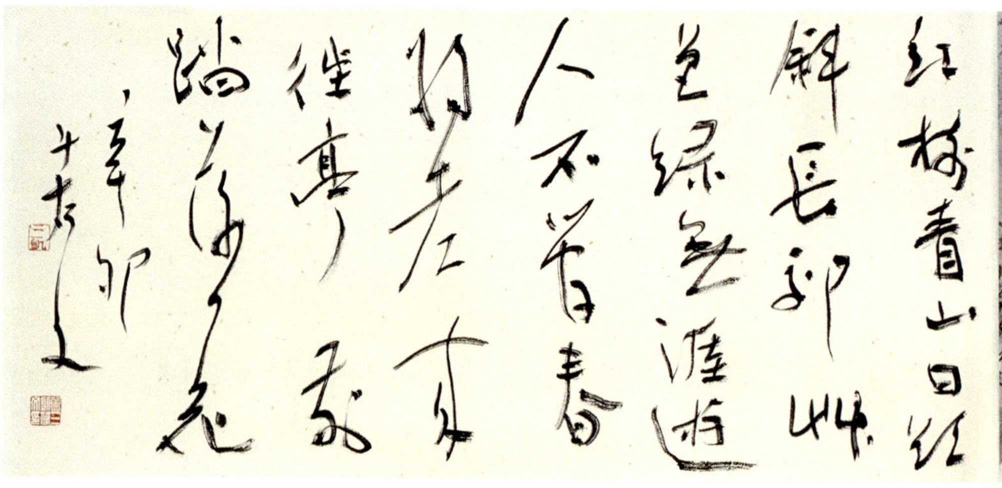

新安道上系列　25cm×68cm　纸本水墨　2010［上］

新安道上系列　25cm×68cm　纸本设色　2010［下］

新安道上系列（局部） 纸本水墨 2010

新安道上系列　45cm×50cm×2　纸本水墨　2002

新安道上系列 50cm×45cm 纸本水墨 2002

新安道上系列　50cm×45cm　纸本设色　2002

新安道上系列 50cm×45cm 纸本设色 2002

新安道上系列　45cm×50cm　纸本设色　2002

逸山系列　34cm×270cm　纸本设色　2010

逸山系列（局部）　纸本设色　2010

新安山水（局部） 纸本设色 2010

新安山水（局部） 纸本设色 2010

新安山水（局部）×2　纸本设色　2010

新安山水（局部） 纸本设色 2010

觉山

新安山水（局部）　纸本设色　2010

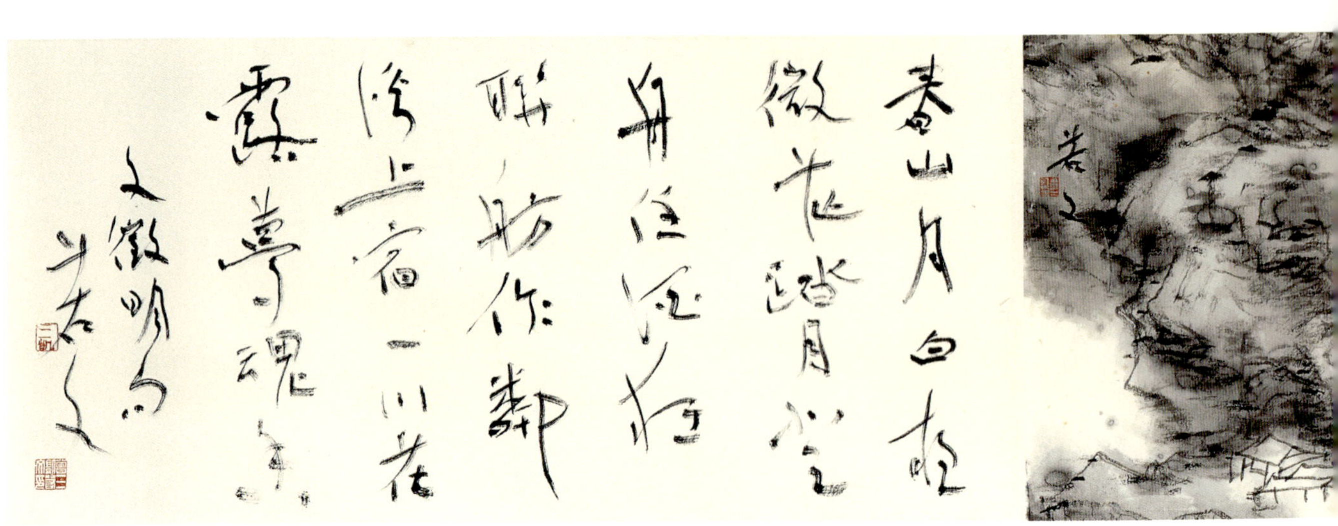

新安山水　34cm×135cm　纸本设色　2010

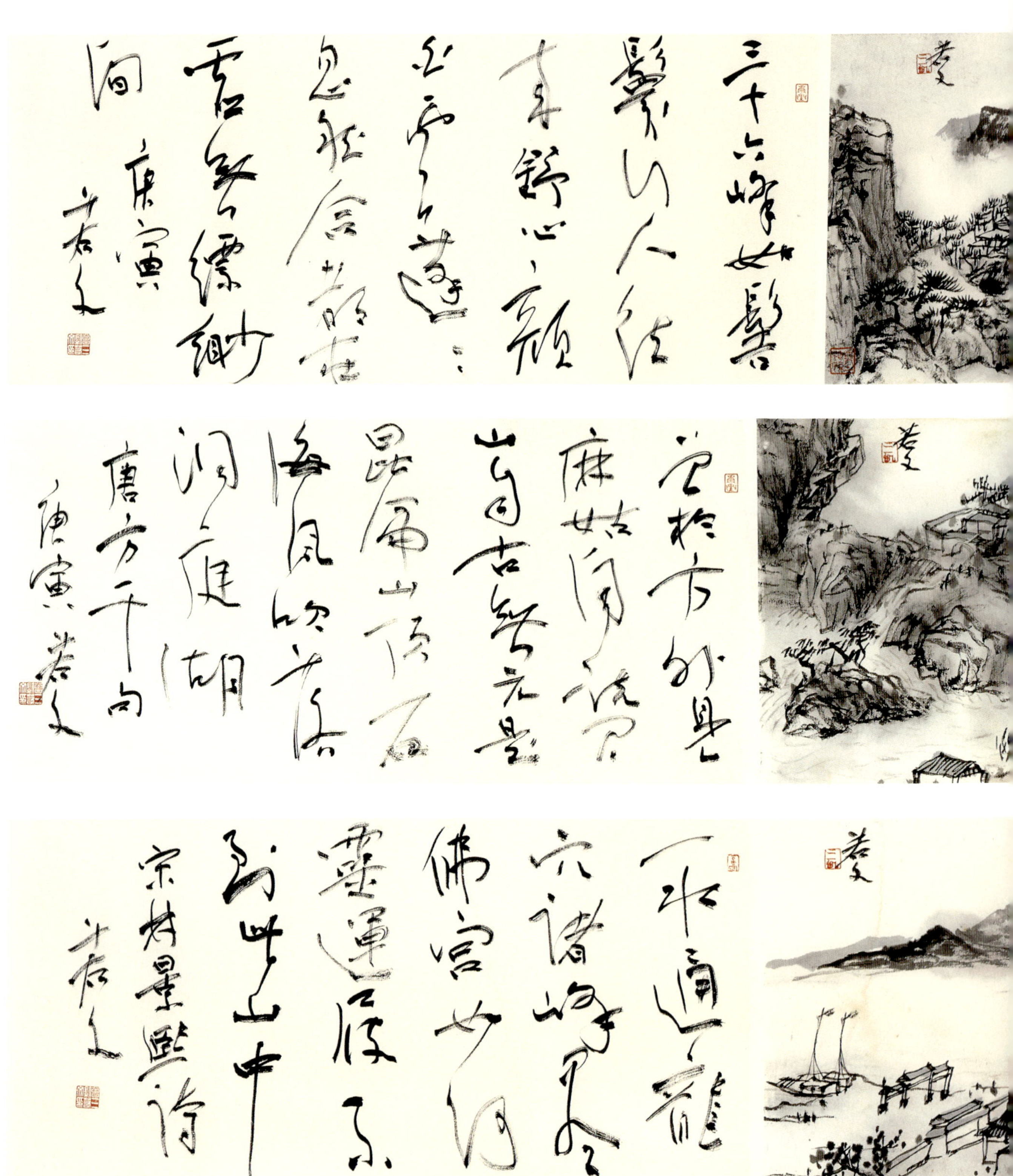

新安山水　34cm×135cm×3　纸本设色　2010

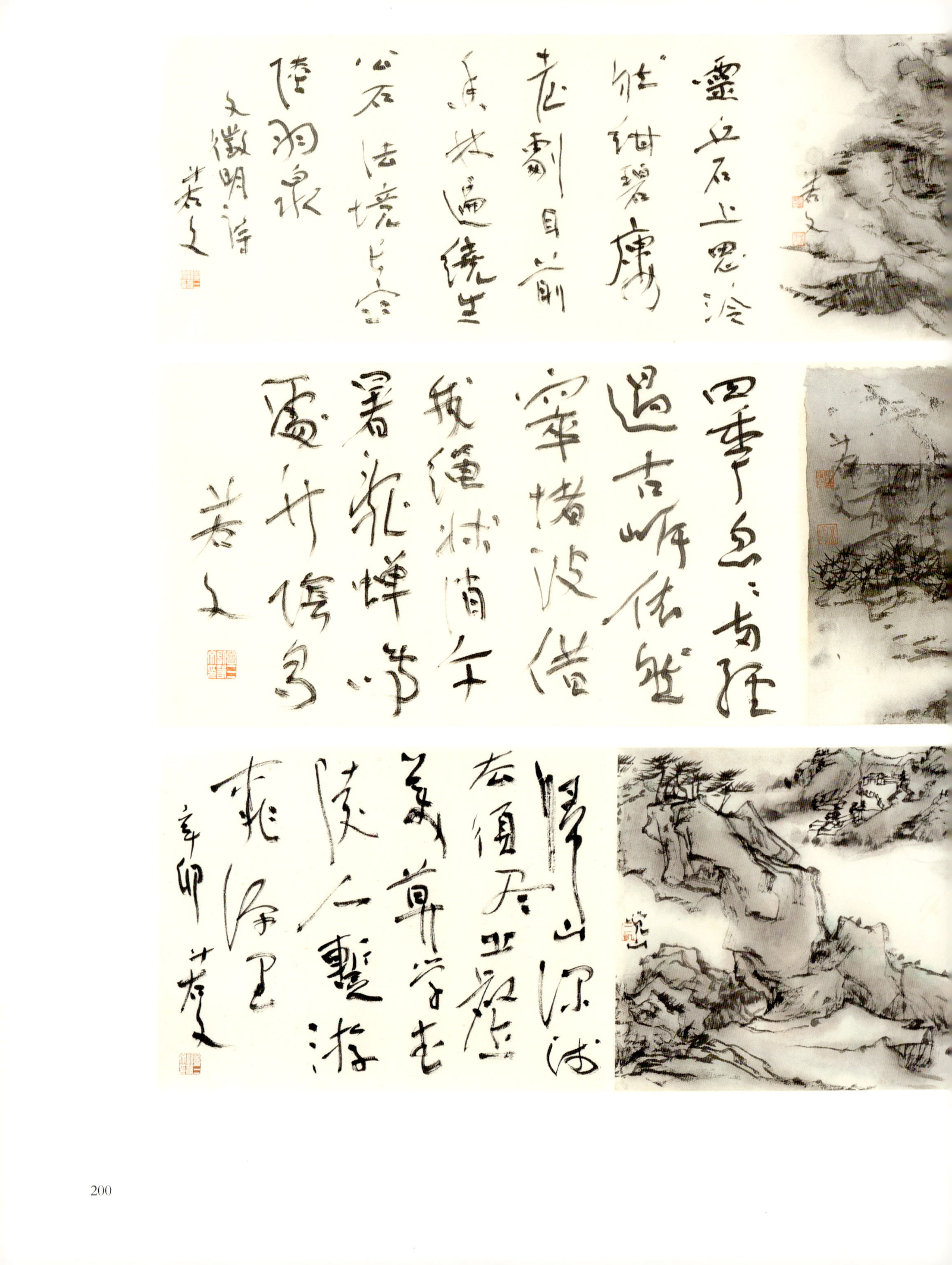

新安山水　25cm×160cm　纸本设色　2010［上］
新安山水　34cm×135cm　纸本设色　2010［中］
新安山水　34cm×180cm　纸本设色　2010［下］

新安山水（局部）　纸本设色　2010

寒山寻道

HANSHANXUNDAO

寒山系列　90cm×45cm　纸本水墨　2011

“形”随“线”走

——曾三凯的视觉体验

文／杭春晓

曾三凯在年轻的国画家中，对书法与绘画关系的注重，较为突出。所谓两者关系的注重，也即我们经常论及的“以书入画”。对这个概念，但凡与中国画稍有接触的人都不会感到陌生。然而，恰是看似熟悉的话题，却时常给我们带来“难能深入”的理解。原因很简单，“以书入画”在字面上就已非常明了，明了到似乎不用我们思考即可明白。但正是这种“明了”，却使我们忽略了话题背后的“丰富性”、“复杂性”，走向就“概念”而“概念”的理解方式。诸如什么是“书”？并非只要笔法即可。具体笔法与具体描绘对象的结合方式不同，产生的结果大相径庭。同一种描绘对象，运用不同的笔法，就需要物象概括的方式、方法有所不同。否则，以草书笔法描绘篆隶笔法概括的物象结体、样式，就会产生笔法与图像的不贴切。也即，“以书入画”作为概念，仅是中国画创作中的一个理念方向，而非具体方法。一旦我们将它视作简单明了的方法，忽视了具体运用中的丰富变化，就自然就会产生概念化的生硬与简单。而在概念化的理解方式下，中国画与传统的关系就变成了机械的操作流程，比如“线随形走”之类的命题。

所谓“线随形走”，就是作为笔法的线条，服务于造型需要。表面上看，类似说法并没有太大问题。但在二十世纪语境中，由于造型的理解是特指西化的观看方法，故而“线随形走”，往往就是把被简化了的东方绘画语言因素，当作完成西方造型体验的工具。且不论这种简化版“东西结合”的草率，就多变的笔法仅用以表达独一的造型而言，这种诉求就隐含了极大的危险。因为中国画的视觉体验，往往因为笔法的不同而有所改变。也即，绘画对象被概括的结果并非固定不变，而是与笔法运用发生共振，并因此产生丰富的视觉样式。或许，这正是中国画不同于西画的魅力所在。但类似“线随形走”的主张，无疑封闭了中国画独特的自我体验，从而成为“它者”的工具。对此，曾三凯是充满警惕的。因为我们在他的画面中，看不到任何将笔法视作某种特定造型工具的倾向。相反，我们会发现：与很多同辈画家不同的是，曾三凯并不具备西画方式下的空间造型，其画面的空间营造在保持平面性的同时，往往因为笔法的变化而发生变化。对此，我们或可以称之为“形随线走”的视觉体验，而不再是“线随形走”。

这种体验，在以西化造型训练为主流的教育环境下，显得尤为珍贵。当然，如此言说并非“好”与“坏”的价值判断，而是针对现象的启示性而言。也即，曾三凯的努力不一定就已完全成熟，但他不同于大量以西化造型为视觉基础的绘画实践，为我们重新审视“应该如何继承传统”之类的问题，提供了别样的方案，抑或视角。正如，将“线随形走”改变为“形随线走”，就向我们显现了中国画独特的空间造型体验：它是不同于西画固定时间点下的封闭空间，而是一种流动视域下的空间。并且，由于这种观看的流动性，也导致了它在被刻画的过程中，具备了与刻画手段（比如笔墨语言）相互塑造的特性。也就是说，绘画语言不再是某种固定观看结果下的表达工具，而成为影响我们观看行为的因素之一，成为可以改变“形”的因素之一。这么说，或许有些抽象，我们可以换个方法将它说的直观些。比如说，倪云林折带皴的山石结体，与黄公望披麻皴的山石结体，虽视觉最终形态差异甚大，但并不代表着他们的描绘对象就具有如此大的差异。原因何在，即其不同的绘画语言，对“造型”、“空间”的影响与塑造。

对此，曾三凯是深有体会的。他没有将笔墨语言用作实景写生的表现工具，而是调整自己观看自然的体验，从而适应他所喜好的笔墨特性。由于平日书写多行草，且偏好率性流动之结体，用笔方折，强调笔势之间的节奏感，故而他的山水形貌亦然，在充满不确定性的笔墨组合中，暗示性地描绘了山峦景观的空间体验。其间，空间并非最重要的表达内容，它往往会因为偶然性的“书写”痕迹，而发生着意想不到的转折、变化。如果，将这种山水形貌比较于今日流行的“写生笔墨”式山水，我们会发现：通常的“写生笔墨”式山水，更具

寒山系列（局部） 纸本水墨 2011 [右页图]

有一种景观感，而曾三凯的山水则不具备那种景致化的场景，更像是绘画语言自我律动下的情绪化场境。一者“场景”，一者“场境”，一字之别，却为我们带来了关于“自然”体验的不同答案。前者的“自然”，倾向于西化观看经验下的空间；后者则更强调某种主观转换，并因绘画语言（如书法用笔）而发生变异的“自然”。应该说，因绘画语言而改造我们的视觉，恰是古人所谓“以书入画”的精髓所在——“字”与“画”在结构上的深度结合，而这也正是中国画相对西画提供的别具价值的观看结果。

然而，由于20世纪的“西风东渐”，尤其徐悲鸿教学体系带来的造型训练，使得我们观看世界的方式固化。于是，“以书入画”往往成为了“线随形走”之类创作倾向的实现工具，从而严重干扰了我们对传统观看经验的深入理解，并将之简化为“笔墨”形式的继承。或许，正是因为这一点，类似曾三凯之类的创作，改“线随形走”为“形随线走”，就为我们在新世纪重审传统提供了契机，值得我们持续关注并研究。

2012年3月30日于望京

 寒山系列 160cm×22cm×4 纸本水墨 2010

影浮佳氣動

寒山系列（局部） 纸本水墨 2010

寒山系列　180cm×67cm　纸本设色　2011

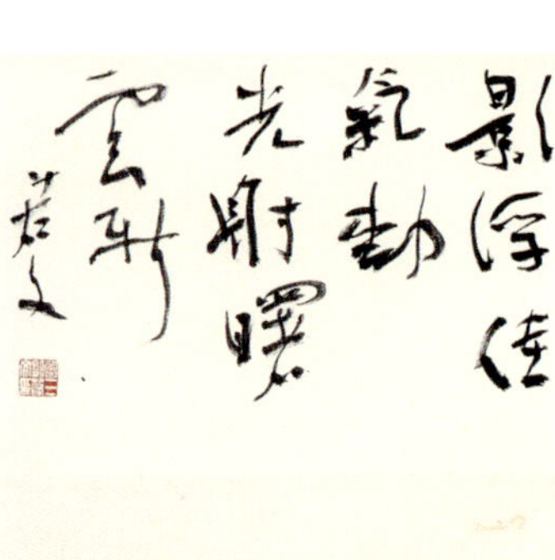

寒山系列 160cm×34cm 纸本设色 2010

寒山系列（局部） 纸本设色 2010

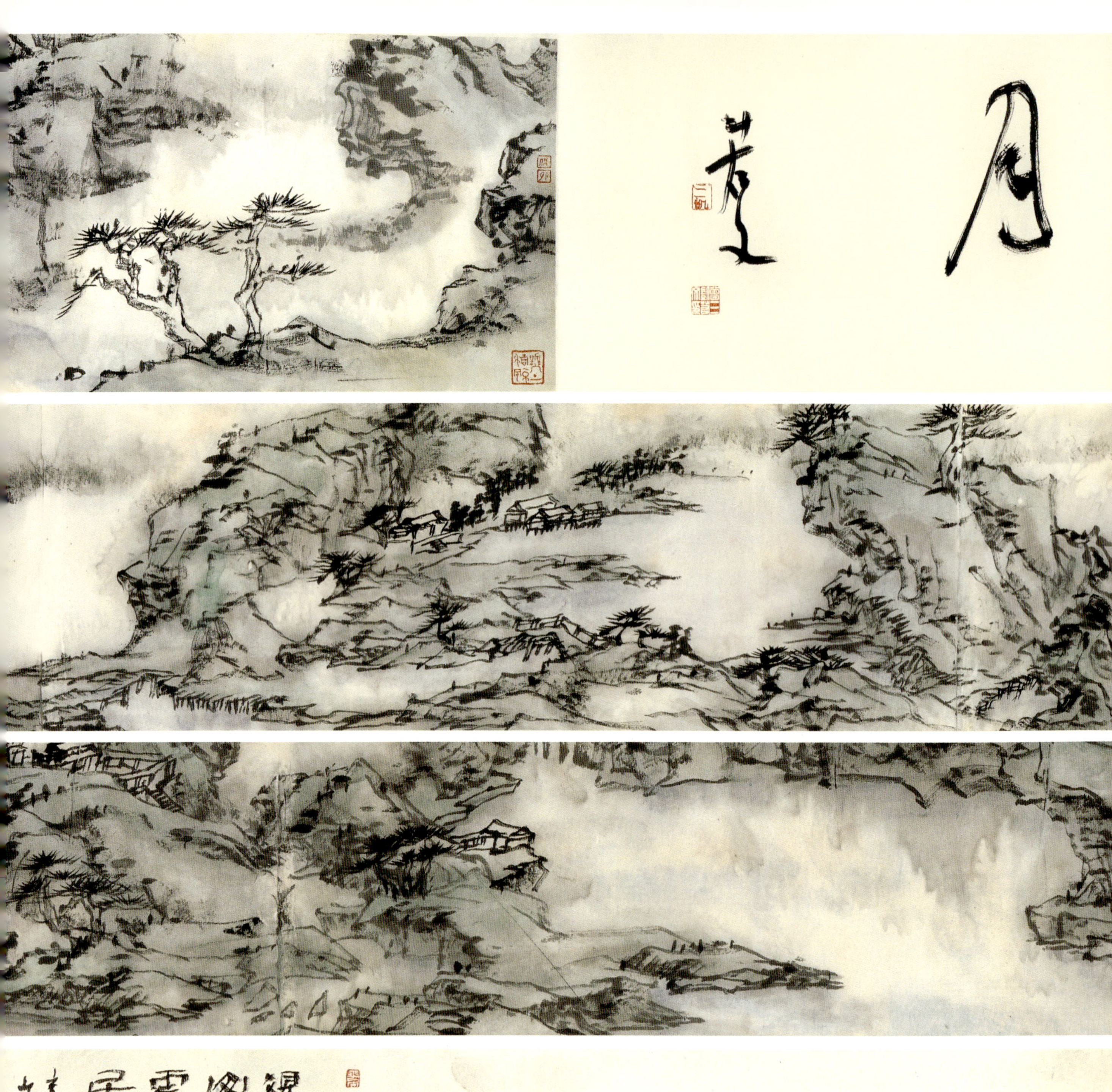

寒山系列　160cm×34cm×2　纸本设色　2010

寒山系列（局部） 纸本设色 2010

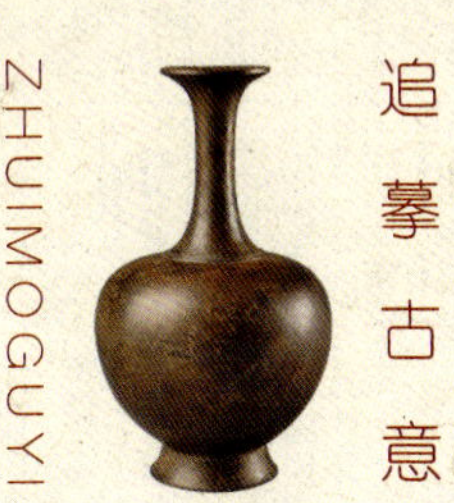
追摹古意
ZHUIMOGUYI

临郭熙早春图　55cm×110cm　纸本水墨　1996

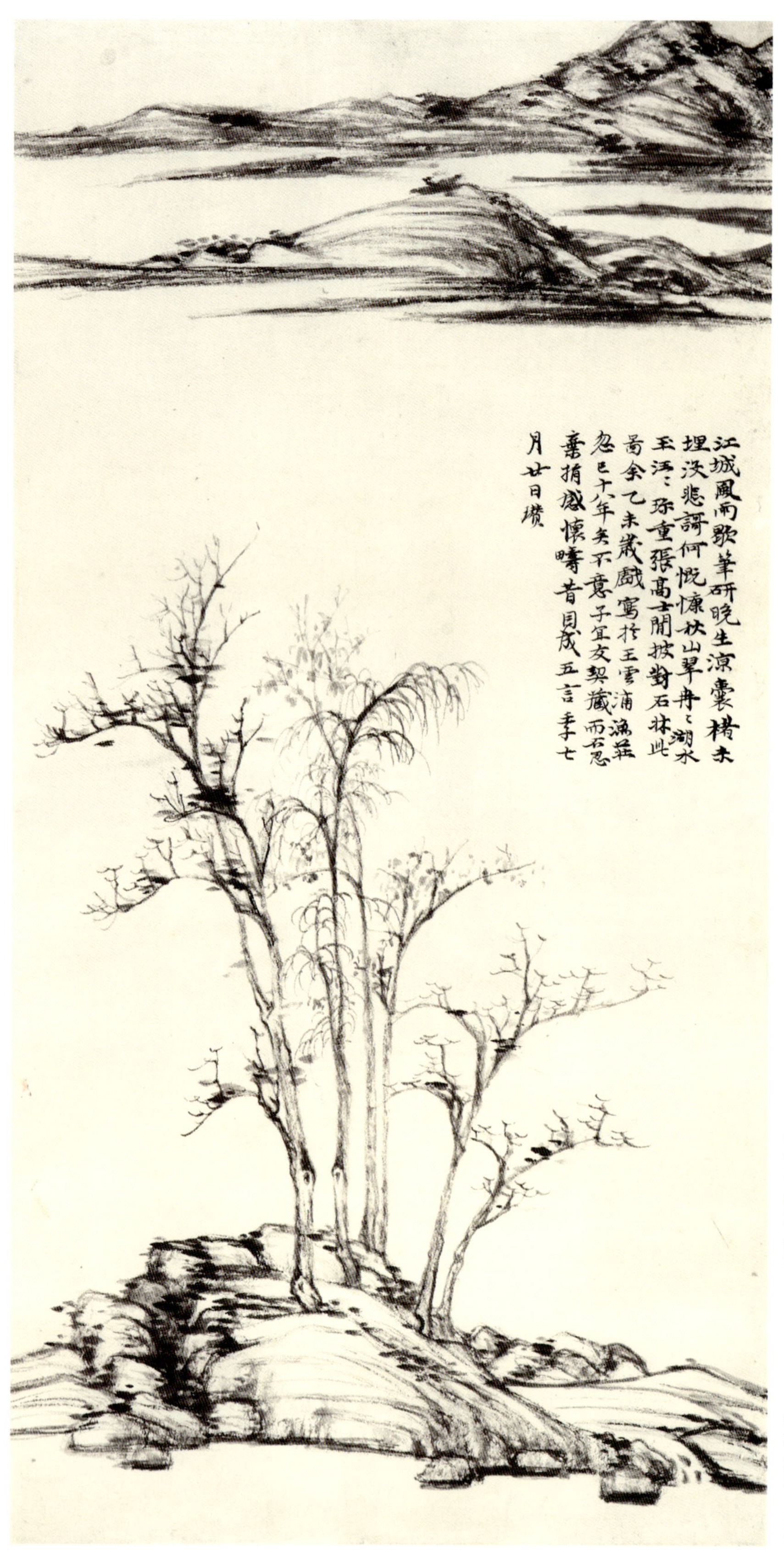

临倪云林渔庄图 110cm×55cm 纸本水墨 1995

闵园系列 30cm×26cm×3 绢本设色 2000

闵园系列　26cm×30cm×2　绢本设色　2000

闲园系列　26cm×30cm×2　绢本设色　2000

闵园系列　26cm×30cm　绢本设色　2000

闵园系列　30cm×26cm　绢本设色　2000

梵籁　200cm×90cm　绢本设色　2000

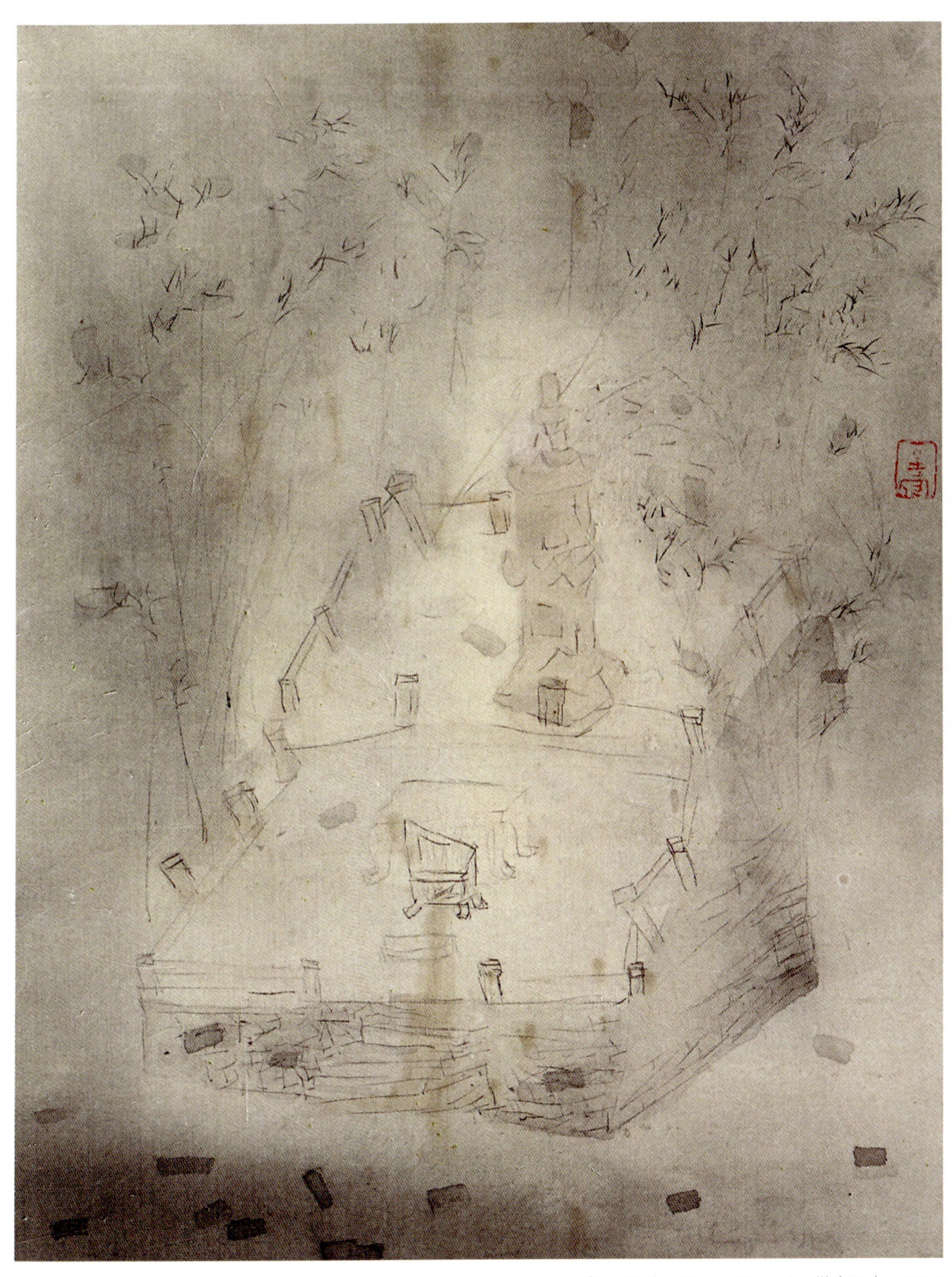

闵园系列　30cm×26cm×2　绢本设色　2000

闵园系列　26cm×30cm　绢本设色　2000

闵园系列 26cm×30cm 绢本设色 2000

花卉系列　45cm×50cm×3　纸本水墨　1999

花卉系列 50cm×45cm×4 纸本水墨 1999

242　人物系列　50cm×45cm　纸本水墨　1999

湘西行　45cm×50cm　纸本设色　2005

湘西行　45cm×50cm×3　纸本设色　2005

湘西行　50cm×45cm　纸本水墨　2005

湘西行　45cm×50cm　纸本设色　2005

法书入怀

FASHURUHUAI

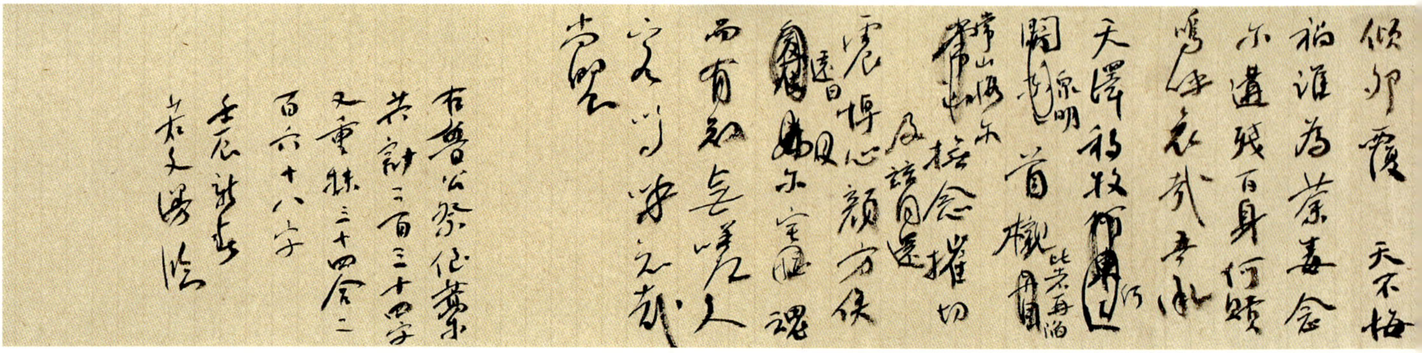

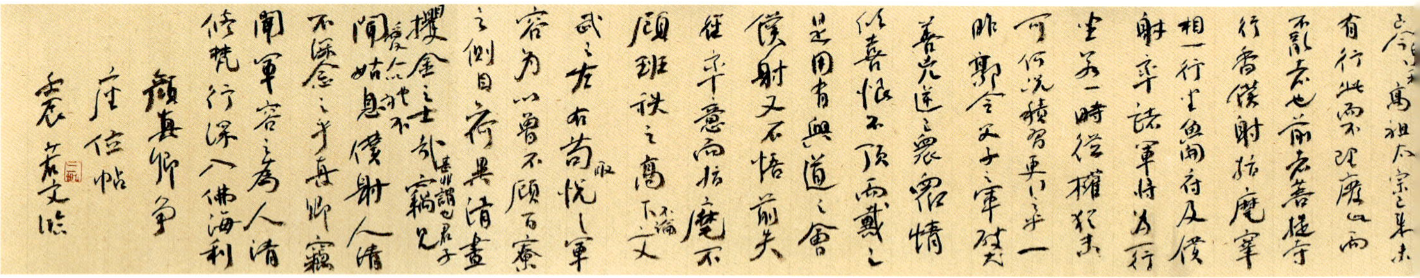

临颜真卿祭侄文稿　23cm×270cm　纸本墨笔　2012［上］
临颜真卿争座位　23cm×410cm　纸本墨笔　2012［下］

維乾元元年歲次戊
戌九月庚午朔三日
壬申第十三叔銀青
光祿大夫使持節蒲州
諸軍事蒲州刺史
上輕車都尉丹楊
縣開國侯真卿以清
酌庶羞祭于亡姪
贈贊善大夫季明之
靈惟爾挺生夙標
幼德宗廟瑚璉階
庭蘭玉方憑積善
每慰人心方期戩
穀何圖逆賊閒釁
稱兵犯順　爾父竭
誠常山作郡余時
受命亦在平原
仁兄愛我俾爾傳
言爾既歸止爰開
土門土門既開凶威
大蹙賊臣擁眾不

十一月日金紫光祿大
夫檢校刑部尚書上
柱國魯郡開國公顏
真卿謹奉書于右
僕射定襄郡王郭
公閣下蓋太上有立
德其次有立功是之
謂不朽抑又聞之端
揆者百寮之師長
諸侯王者人臣之極
地今僕射挺不朽
之功業當人臣極地
豈不以才為世出功
冠一時挫思明跋扈
之師抗迴紇無厭之請
故得身畫凌煙之
閣名藏太室之廷
不其盛美（吁足畏也然美則美矣）然而終之
始難故曰滿而不
溢所以長守富高
而不危所以長守貴
也可不儆懼乎書曰
爾唯弗矜天下莫與
汝爭能以齊桓公之
盛業片言勤王則九
合諸侯一匡天下葵
丘之會微有振矜而

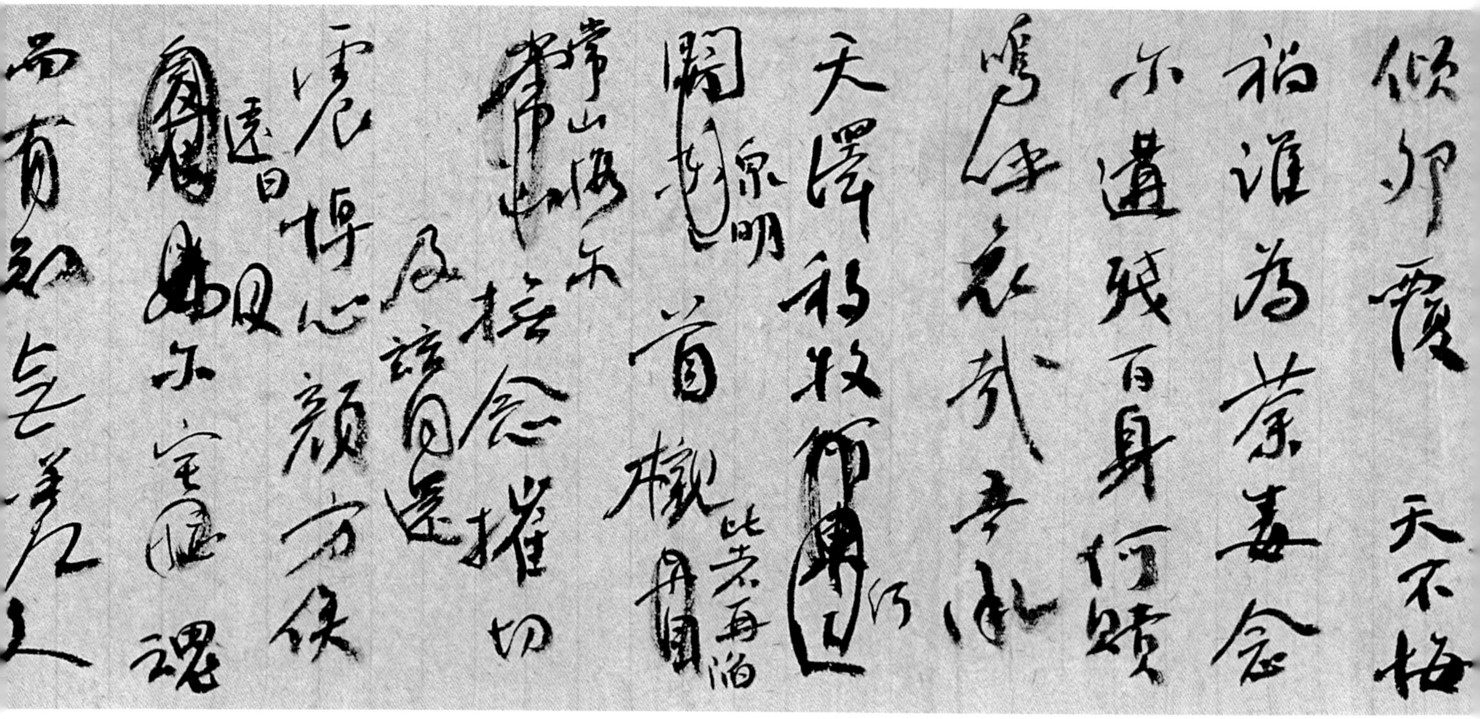

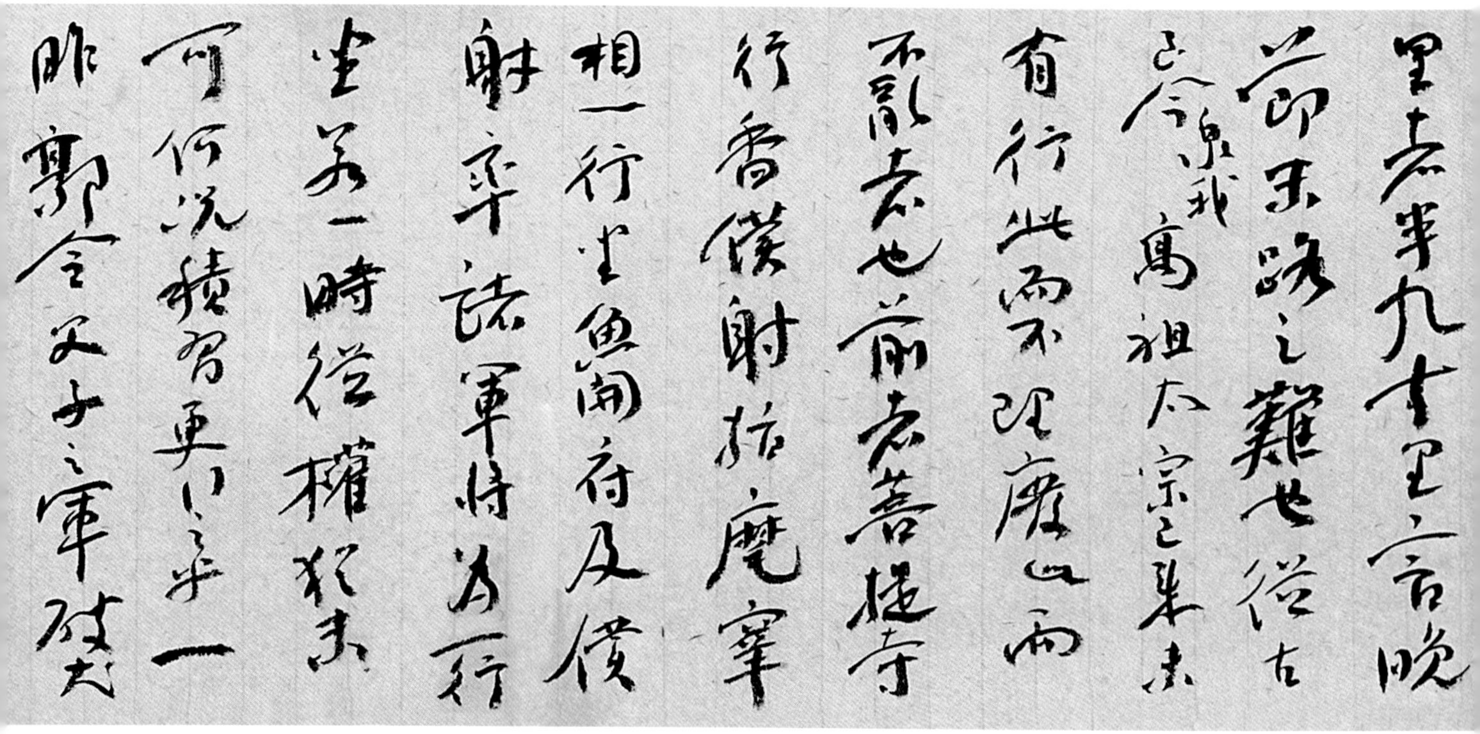

临颜真卿祭侄文稿（局部）　纸本墨笔　2012 [上]
临颜真卿争座位（局部）　纸本墨笔　2012 [下]

庭蘭玉方[illegible]
每慰人心方期戩
穀何圖逆賊閒釁
稱兵犯順爾父竭
誠常山作郡余時
受命亦在平原
仁兄愛我俾爾傳
言爾既歸止爰開
土門土門既開兇威
大蹙賊臣擁眾不
救賊臣擁救孤城圍

閣名藏太室之廷
不其國美然而終之（旁注：吁足畏也然美）
始難故曰滿而不
溢所以長守富高
而不危所以長守貴
也可不儆懼乎書曰
爾唯弗矜天下莫與
汝爭能以齊桓公之
盛業片言勤王則九
合諸侯一匡天下葵
丘之會微有振矜而

书法的姿态，进入山水画“当代性”的另一途径

文／尚辉

从自然角度审视客观山水，山水岁月无所谓当代性。好在，中国山不水画从来不以状写自然景观的“似”为归旨，恰恰相反，它在追索天人合一的过程中，体现了感受方式、心灵映射和审美判断诸多层面的区别，从这一人类自我对象化的过程中任何时代都存在当代性的问题。当代性取决于各个时代审美风尚、取决于建基在当代文化生长点上而形成的主体个性、取决于主体对于媒材的把握和个人技能的锤炼等等。

在整个20世纪，山水画的当代性更多是以西方观照自然的方式和审美判断的价值取向为参照。由此而引发的审美风尚更倾向于“西方化”，艺术主体的文化生长点也多以西方科技为主体以及由此而改变的生活方式，在媒材与技能上因大量吸纳色彩及其他媒介而改变传统“水”和“墨”的结构。“当代性”在20世纪山水画创作中变换的节奏越来越快，也越来越成为人们的一种自觉意识。特别是20世纪90年代后，工业文明和信息文明所改变的人们生活方式极大地促发了人们审美心理与价值判断的转换。所谓“当代性”，是工业文明和信息文明产生的一种文化意识。即山水画不仅要反映工业文明和信息文明时代的自然与人文图像，而且要通过艺术语言反映这个时代所体现和追求和审美心理，山水画的图像表达和语言探索应该体现这种审美心理的整合。这正是90年代后山水画凸现并通过图式个性体现当代精神的一种探索，他们的共同共同特征就是强调用各种不同的材料、手段、样式，创造新的时空境界，开拓新的审美领域，提供新的审美体验。这里有文化学意义上的山水符号，这里有理性主义精神的山水抽象，这里也有超越自然山水、追索心灵境界的模拟时空。

当山水画逐步被“当代性”推演的时候，传统离它也越来越远了。在某种意义上，当代画家已不缺乏对当代审美方式和价值判断的把握，问题反倒在怎样于“当代性”的位置上接近和本土文化之源的关系。特别是走进当代之后怎么使山水画不被他者所同化。“从传统迈向现代”，更多的是对年长者路径的企望，而对于七八十年代后出生的画家，则意味着他们怎样从“当代性”中标识民族文化的个性和血脉。毕竟山水画姓“中”而不姓“西”，毕竟艺术的可贵性在于从主体个性中映射出的文化独特性。如果说当代性是一条河，尽管它曾经或正在融汇许多支流，但是这条河的文化水源，则应具有永久的民族印痕。“当代性”并不能完全指涉西方的东西。“当代性”如果没有民族之根，

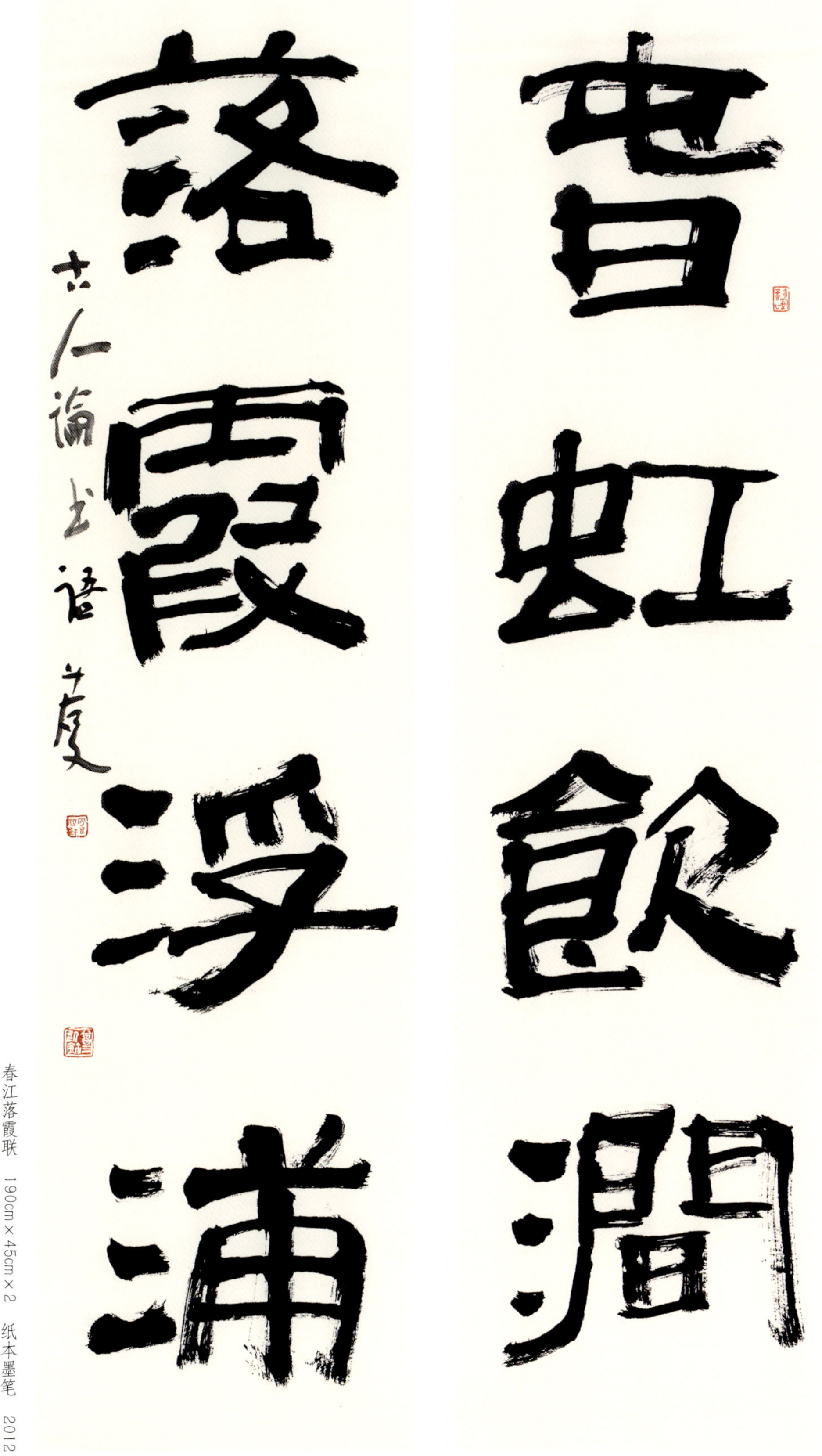

春江落霞联　190cm×45cm×2　纸本墨笔　2012

任伯年全集
任伯年全集

如果不为某些固属的民族所融化，甚至不为某些固属的民族所拥戴，那都不可能是真正的“当代性”。

显然，山水画的“当代性”除借鉴西方有益的养分之外，更多的还要从中华民族固有的、发展的审美心理上去熔铸自己的品性、资质。从这个意义上，曾三凯倒抓住了他们这一代人画山水的本质问题——即信息与时尚他们成为流行文化的消费者，他们尽可以去做抽象山水、尽可以追索心灵模拟时空、尽可以像图腾一样去做山水符号的加减法、但最不易进入传统山水用笔墨细叙的精神境界，那些曾作为传统山水精华的空灵、萧散、岑寂、落寞、超迈、绝尘、通透、洒脱的笔墨意趣，是流行文化消解最多的一种传统。三凯正是从他这一代人最弱的地方入手，从书法起步，由书法走进传统山水的文脉。出生于1974年的曾三凯，在20岁考入中国美术学院前一年即进修于该院书法专业。他是从研习书法而洞入中国画专业的，这显然迥异于一般从素描写生考入中国画专业的画学之路。他在书法上具有很扎实的基础，他从帖学入手，王羲之、孙过庭、杨凝式、米芾、王铎一路临过来，而后开始研碑，足涉《张黑女》、《张猛龙》、《司马景和妻》、《元演墓志》、《元彬墓志》和《石门铭》等。魏楷给他的启悟最大。实际上，正是从对魏楷的临习，使他真正打通了对其他书体的理解与掌握。21岁那年，他以自己的一幅草书入选由中国书协举办的具有权威性的“第六届全国中青年书法篆刻展”，可见他对书学研习的深入程度。

三凯是地道以书入画的山水画家，书法中所谓魄书、气象、笔法、点画、意态、精神、兴趣、骨法、结构和血肉等等审美判断，都成为他理解传统山水画精妙之处的一把把钥匙，他也很自然地把自己对魏楷审美书趣的追求转换到山水的用笔中，他的山水画由此而显得高古、雅正、率真和飘逸，虽寥寥数笔，却意境高远、率真自然。他完全用自己的书法素养即笔墨意趣传达了这样一种境界，其高妙之处颇得石溪、八大、青藤的遗风和气象。以三凯的年龄观其作，不由你不感叹他过人的天资和画面传达出的雏声老境。他的山水不仅有笔有墨，而且是涵养丰厚、浸透着浓郁书卷气的笔墨。这，正是传统笔墨山水的一种境界和魅力。

当他把这种纯粹的笔墨带入现代图式的时候，如《九华系列》、《清音》、《界》以及获第九届全国美展优秀奖的《梵籁》等，他的时空处理、意境转换在表达了当代人审美感受的同时，也传递了遥远东方文化的哲思，人们似乎可以通过他阐释现代图式的传统语言一笔墨，去连接传统文化的全部信息和精神。画面中那种清静、飘逸的超现实时空比那些纯粹作虚似时空幻觉体验的现代艺术不知高妙多少

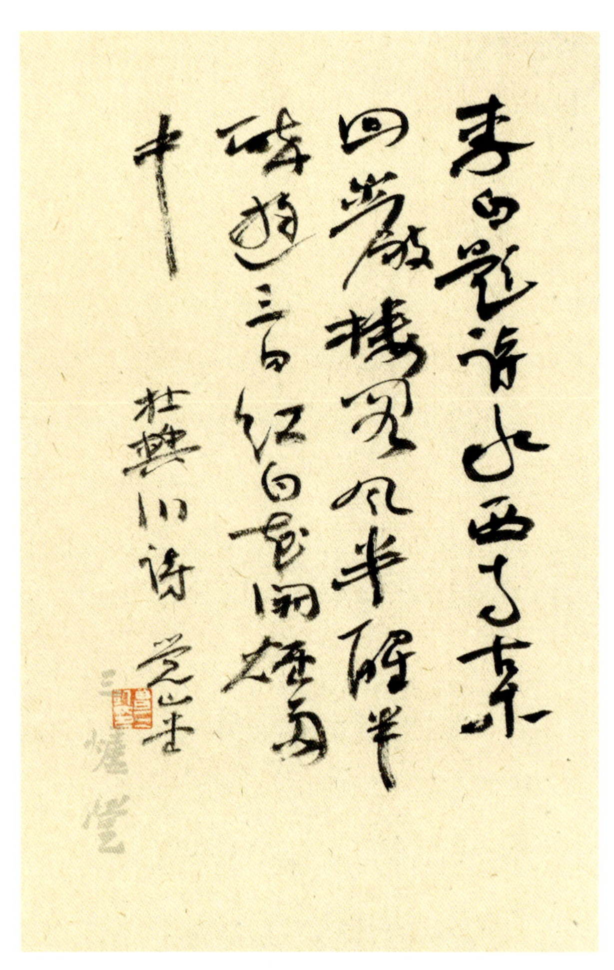

杜牧诗　28cm×20cm　纸本墨笔　2012

倍。应当说，三凯能比其他画家更深层地沉入画面，完全归于他个人以书入画的领悟与技能。在笔者看来，山水画在从笔墨个性走向图式个性所具备的“当代性”之后，笔墨并不与图式个怀相冲突，相反，只有口味绝俗的笔墨才能更充分强化图式个性的表现力度。当然，限于阅历和年龄，在怎样于当代坐标上摄取传统或怎样在传统与当代这宰建立一条通道上，三凯尚有许多深究的课题，但不可否认的事实是，他是站在“当代性”坐标上拥有了丰厚的传统语言资源，而且，这种山水画的“当代性”才会真正建筑在本土文化的根基上并为这个民族审美心理所崇尚。

毫无疑问，山水画的“当代性”不能为西方现代、后现代艺术所同化，山水画在探索它当代性之途的时候，在借鉴西方现代文明的同时，还应更多观照本土文化的审美资质，更多观照本土文化自我的生长基点，甚至更多发掘可以向现代切换的传统笔墨资源。从这个意义上，三凯以书入画的姿态，不失为探讨山水画当代性的另一种途径。

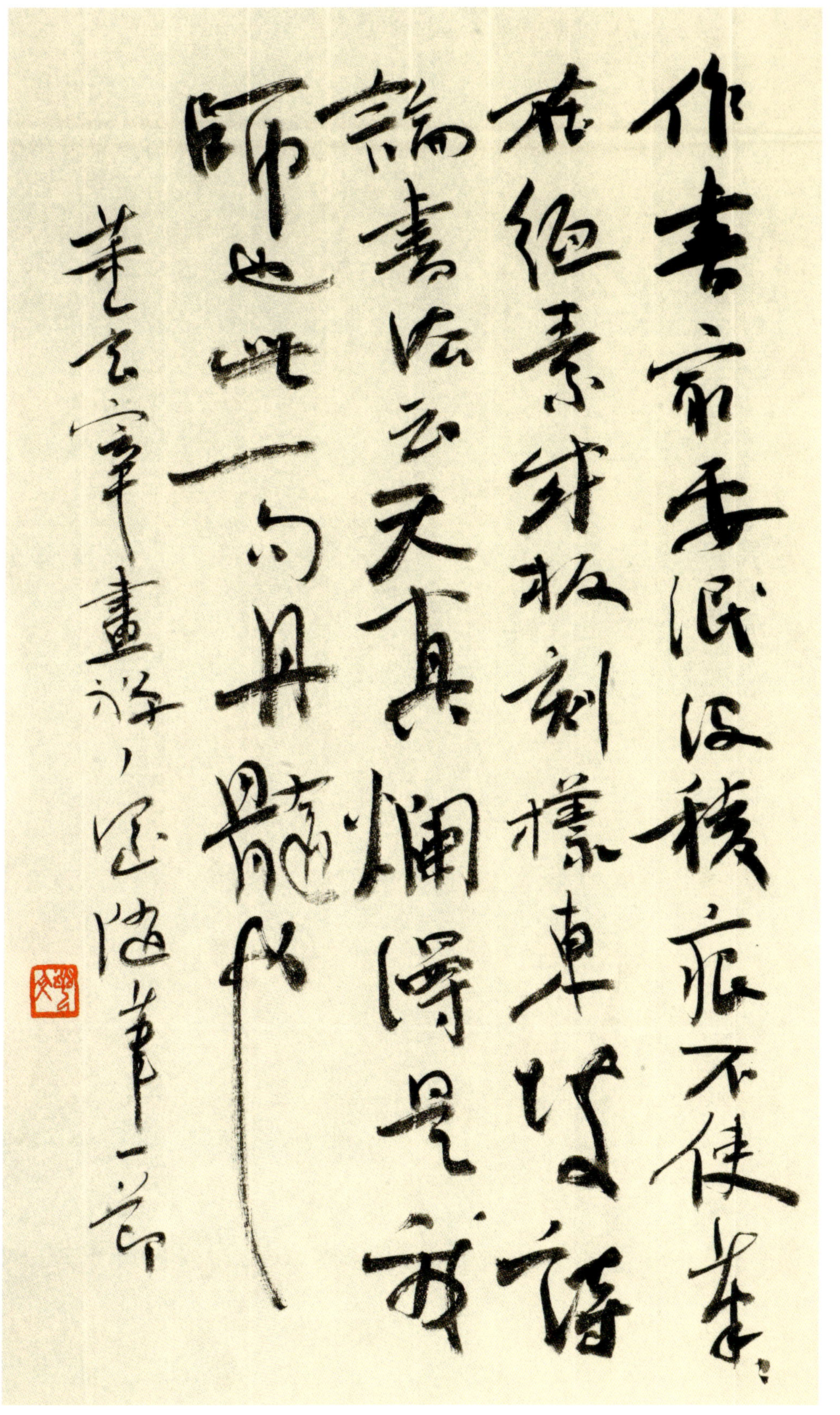

董其昌论书随笔　28cm×20cm　纸本墨笔　2012

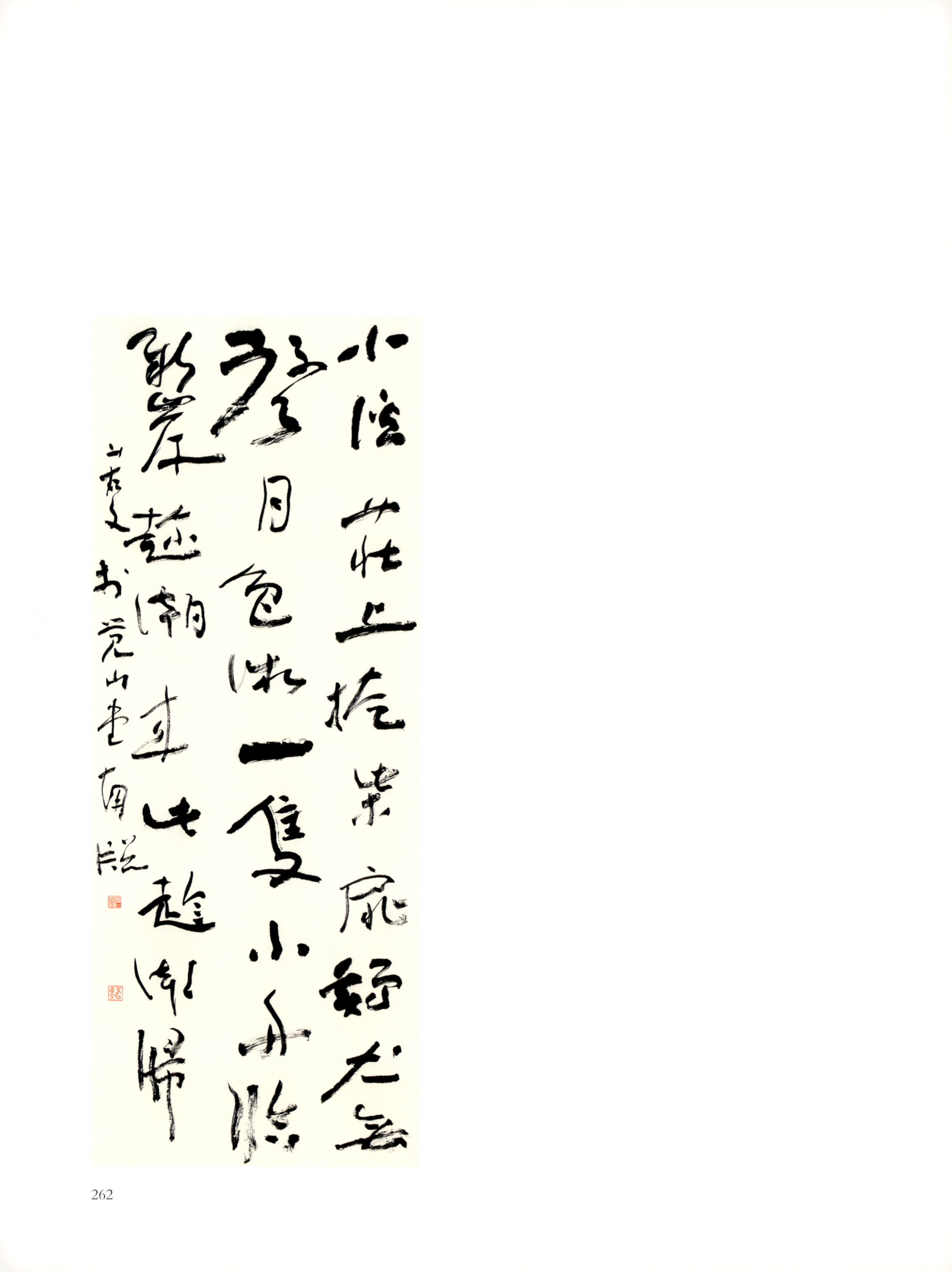

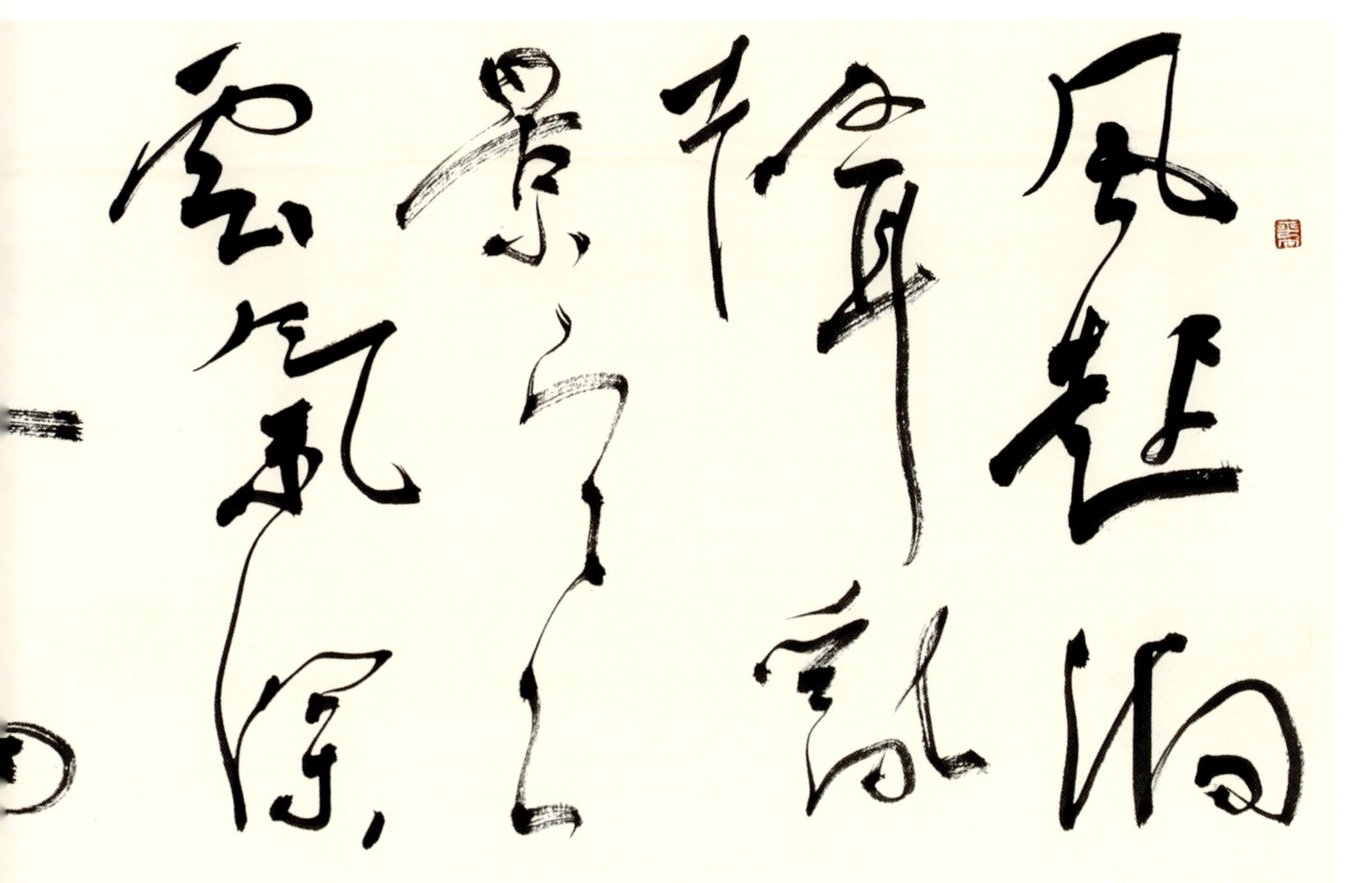

高启诗　45cm×190cm　纸本墨笔　2011

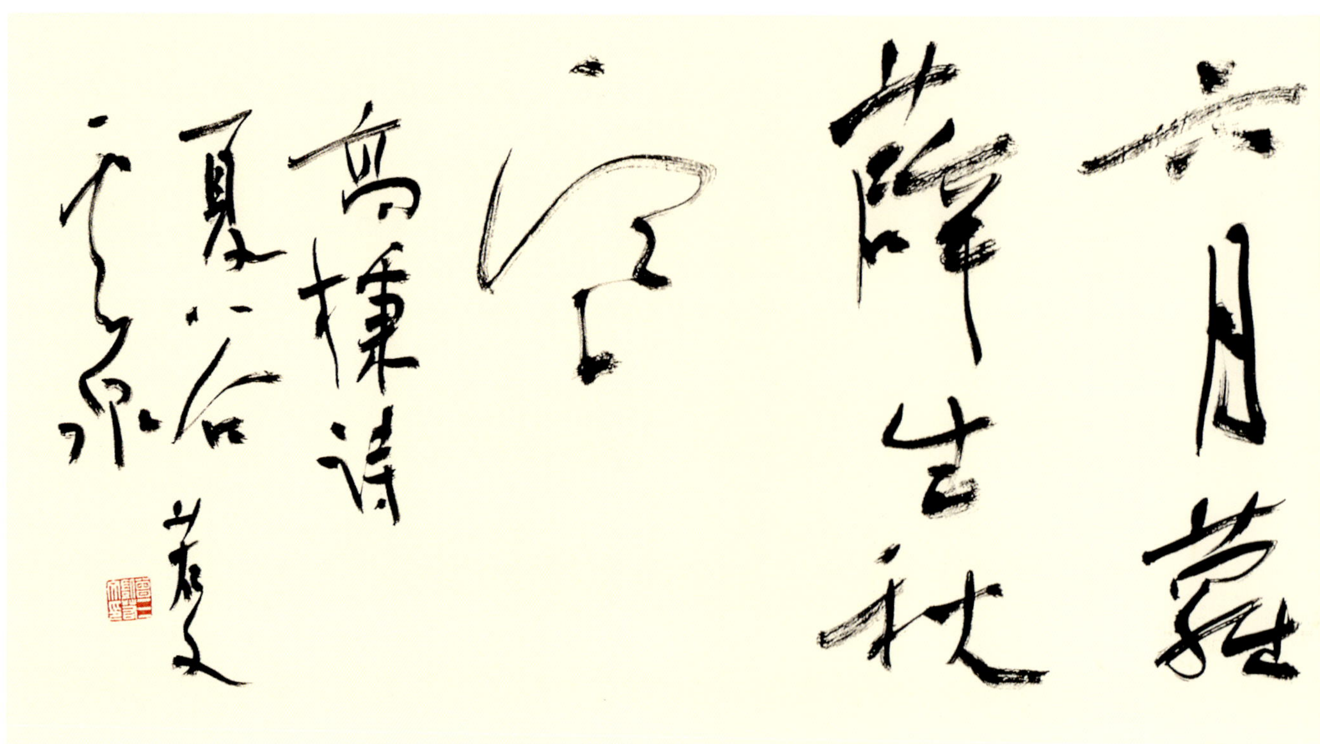

关于曾三凯书法

文／邱振中

中国书法与绘画的关系是个说不完的题目，曾三凯作为一位青年画家，他的书法作品自然落在这个话题中。

曾三凯与其他画家不同的是，早年他曾立志做一位书法家，只是由于机缘错失，学了绘画，书法不得不退居“二线”，但兴趣与雄心仍在。——在他的人生道路上，书法与绘画的关系正好与一些学书法的学生成为对比。这给我留下了深刻的印象。但他今天选定的，无疑首先是做一位画家。

这里要说到书家和画家道路的区别。

书法与绘画关系密切，但是又有许多不同，观察和关注的对象、所接受的训练、感觉发展的方向，都颇有差异，一个人一旦选定了自己的目标，他便走上了一条特定的道路。一般来说，两条道路不相融混。虽然书家也可以画画，画家也可以写字，看来做的是一码事儿，指向、结果大不相同。

书法家创作，总是与传统关系更为密切，而画家写字，总是不肯太贴近传统——画家不是不能，而是不肯贴近。从对形体的观察和模拟来说，画家其实有更好的把握。不肯逼肖范本的原因，就在于绘画所依凭的形体是宇宙万象，

高棅诗　45cm×190cm　纸本墨笔　2011

它们随机变化、形态无穷，所以作者心中对图形的变化有一个宽大的尺度，面对汉字，自然不肯对范本亦步亦趋；而书家训练、创作、观赏的依凭只是过去的杰作，如果观赏者从你的作品中感觉不到丰厚的对传统的积存，作品是得不到认可的。这对作者是一巨大的制约。一位书家如果不是长久、虔诚地深入传统中的一切，不可能成为书法领域的重要人物，画家写字却没有这一潜在的规约，他们更愿意自由挥洒。

在哪一种基础上进行创造，这个基础与传统的关系如何，是一位画家在书法中取得成就的关键。

画家要进入书法史，必须抑制自己挥洒的欲望，从传统中吸取尽可能多的东西，然后再去说到他们自身具有的一切，如吴镇、文征明、陈淳、徐渭，无不如此。

曾三凯引起我注意的是几张小字行书和魏碑风格的创作。

他的小字行书，一刷一飘，弧形取代弯折，字形随机处置，任情恣性，自然而可爱。这里反映出三凯最重要的特点：松动、灵巧，以及对某种趣味的把握。这不管对画画的人还是写字的人来说，都是难能可贵的禀赋。不过，他的这些个人特征也多少遮蔽了传统的印记，使后者只露出一个淡淡的影子。

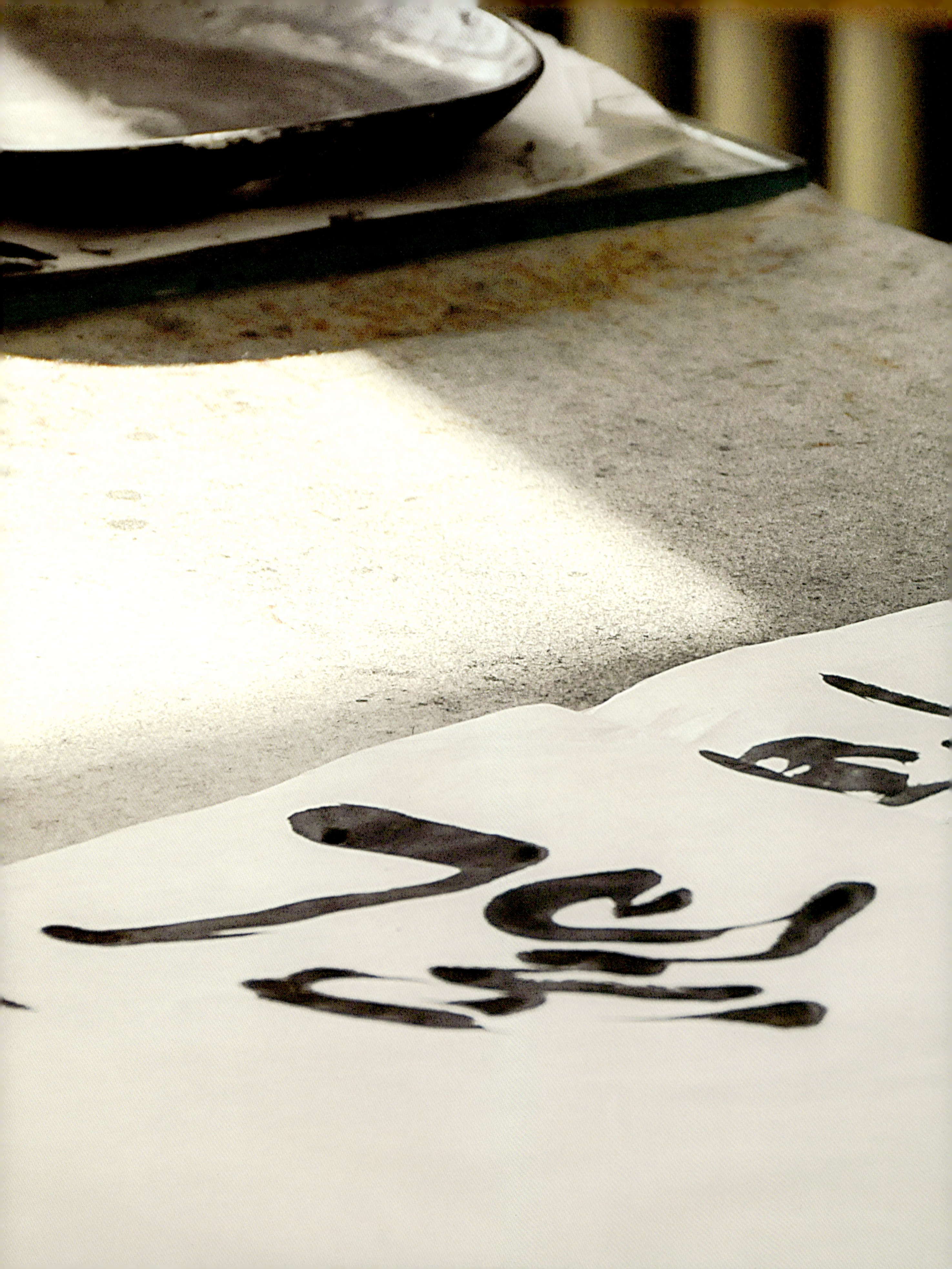

門來善迷宅無祥年大山歲近昌行處
安壁處殃積勤念仙歎人傷舍家

門來善迳宅千使大官万歲近昌行處壁
處無積勤念仙不共傷多早慎火宅
忌乘賣宣藏叁肆伍陸柒拾捌

平善多足牛羊雇上富守本国子
四因地致天長上土山水中人坐竹林生

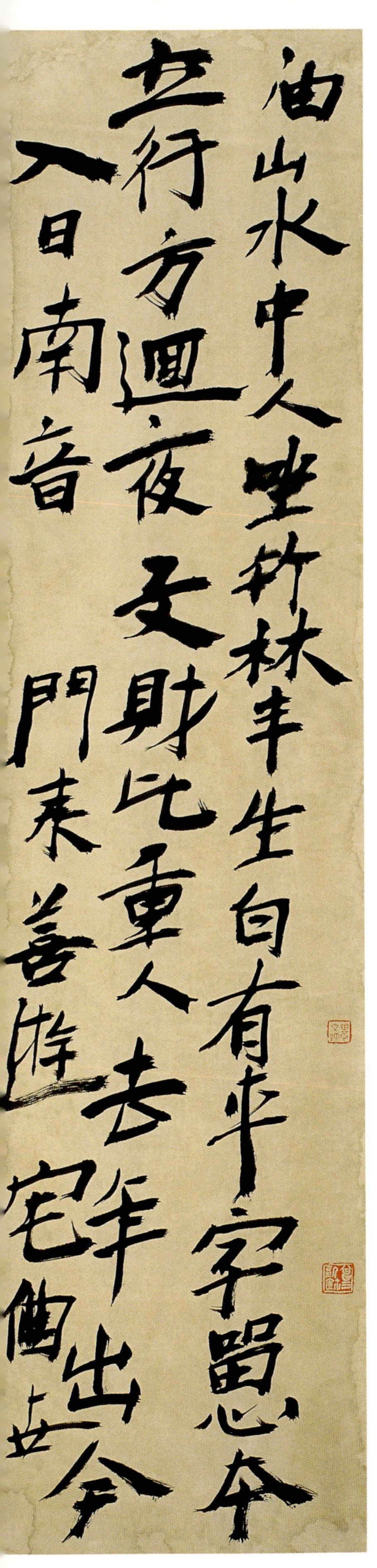

敦煌遗书 138cm×34cm×4 纸本墨笔 2005

曾三凯的另一面反映在他对魏碑的把握。这一类作品更贴近传统，其中最可贵的是他透过碑拓笔画对运动的理解，生动、灵活，超出我们所能见到的许多同类作品。

曾三凯如果把两类作品的优点融合在一起，将带来重要的收获。

这里说的是我们见过的画家进入书法史的道路。今天在我们面前还展现出另一条道路：把书法和中国画同时转换到另一个平台上——线和空间的平台。在这个平台上，线和空间得到前所未有的细致的审视。正如人们谈到一位当代作曲家时所说，他像一位富于钻研精神的研究者，极力渗透到每一个最小的声音的细节中去，感受、思考，提取它们“远没有被利用的能量”。在这样的基础上，书法与绘画将从深处改变自己的构成机制，它们的构成基础亦于此获得空前的统一，由此所出发的作品，既牵动人们一切回忆，又打开从未窥测过的世界。一位艺术家的想象和个性便渗透于其中。

对曾三凯，对所有有志于书法的画家、书家，这都是个值得努力的目标。

2012年6月24日

中央美术学院华东分院旧址
学院沿革
国立艺术院 1928年
国立杭州艺术专科学校 1930年
国立艺术专科学校 1938年
中央美术学院华东分院 1950年
浙江美术学院 1958年
中国美术学院 1993年

临徐生翁 134cm×68cm 纸本墨笔 2005

敦煌遗书　138cm×34cm×4　纸本墨笔　2005

架營除奴兒

盡杏園花修寨誅殘御溝柳

溝壑漸平人漸少六軍門外倚殭屍七

架營中填餓莩畫步尋傻

歸又道官軍悉敗績四面從茲

厄束一斗黃金一升粟尚讓廚中

曾三凯与书法

文／莫武

曾三凯兄画山水，本科和硕士都是在杭州中国美院读的，然后到了北京，在中央美院读了博士，一路科班。但他最热爱的，却是写字；写字这活儿，往艺术上说，就叫书法了。他从小的梦想，其实是当个书法家。

唐朝的时候，写草书和喝酒都大大有名的张旭，门下最出息的两个弟子，一个是颜真卿，另一个是吴道子。吴道子学书未成，转而学画，成了“画圣”。张旭传授的笔法，派上了用场。张彦远《历代名画记》里说，吴道子“笔才一二，像已应焉。离披点画，时见缺落，此虽笔不周而意周也”。所以，后来鼓吹“文人画”的苏东坡、米芾，乃至董其昌，都乐于把吴道子推出来当榜样。三凯画画，下笔磊落干净，不事细谨地擦擦涂涂，不堆叠漂亮的颜色，水墨氤氲，见笔见性，这是传承着老一辈的文人画传统的。用老一辈的说法，这样的画，没有“画史”习气，大概是因为他比现在的画家们，更爱写字，也乐于把画画当写字。

三凯跟我在一起时，更爱谈书法。说到我们喜爱的书家，一路数下来，几乎都画画。比如近代以来，吴昌硕、弘一、齐白石、黄宾虹、潘天寿、林散之……例外的，只有康有为、于右任，但这两个都是大政治家，非常人可以比拟。细想这事实，其实蛮有趣。汉唐之间，文人热衷于写字，留下的论书文字，只要是可靠的，少有谈书“法”的，都在谈书“势”。用天地万物的种种生动性，来比拟纸上写出来的笔迹的神奇。欣赏一条蛇窜入草丛，看青天上白云的变幻，跟默记王羲之这一字这一笔是怎么写的，同样重要。画画的书家，比一般的书家，字迹更有想象力，更有鲜活的生命气息。三凯兄的字，我爱看，也是因为没有一般的书家习气。如果能在“理”、“法”上沟通，书画本不是二物。

概括起来，可以这么说吧：不想当书法家的画家，难以画出最好的画；不画画的书家，写不出最新鲜生猛的字。

曾三凯兄要出一册书法集，叮嘱我写篇文章，拉杂写了这些感想，还请三凯兄和读者诸君教正。

書法全集

彭泽襄阳联 190cm×32cm×2 纸本墨笔 2012

彭泽襄阳联（局部）×2　纸本墨笔　2012

吾志在烟霞　34cm×135cm　纸本墨笔　2011

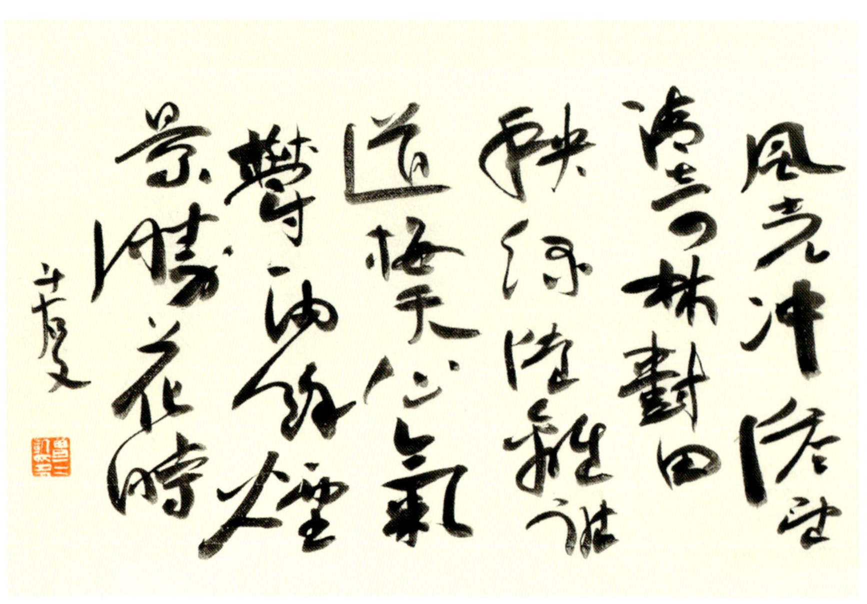

佩韦子诗　22cm×30cm　纸本墨笔　2012

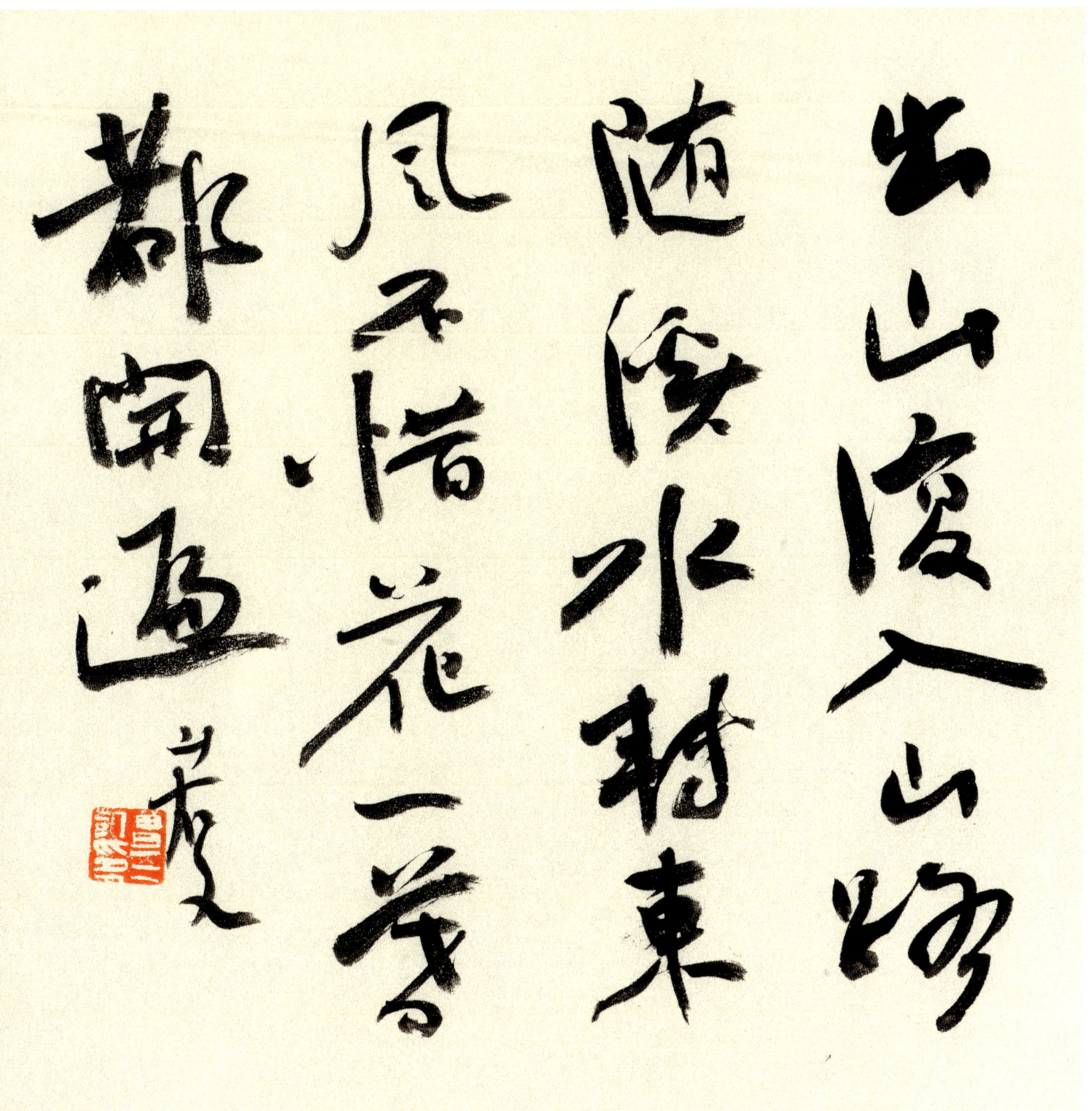

陈与义诗　22cm×22cm　纸本墨笔　2012

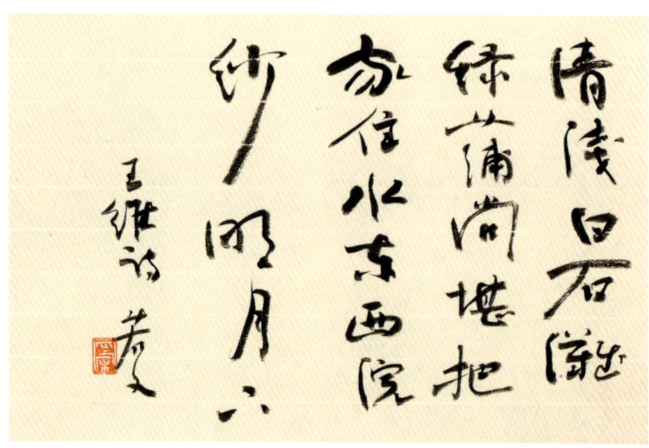

王维诗　22cm×28cm　纸本墨笔　2012

良宽诗句　28cm×20cm　纸本墨笔　2012

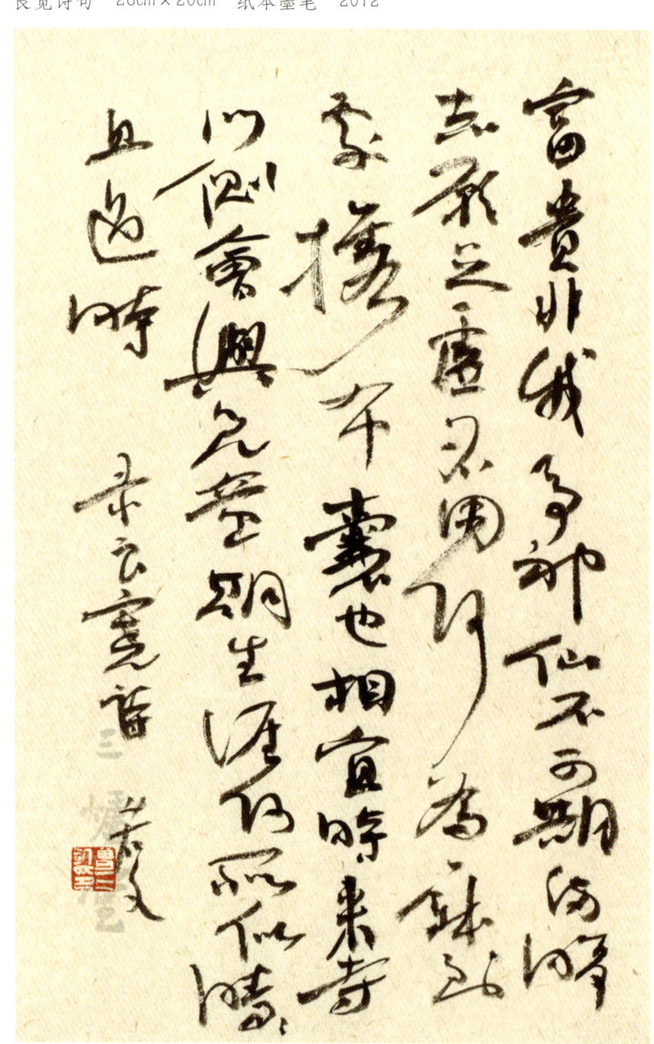

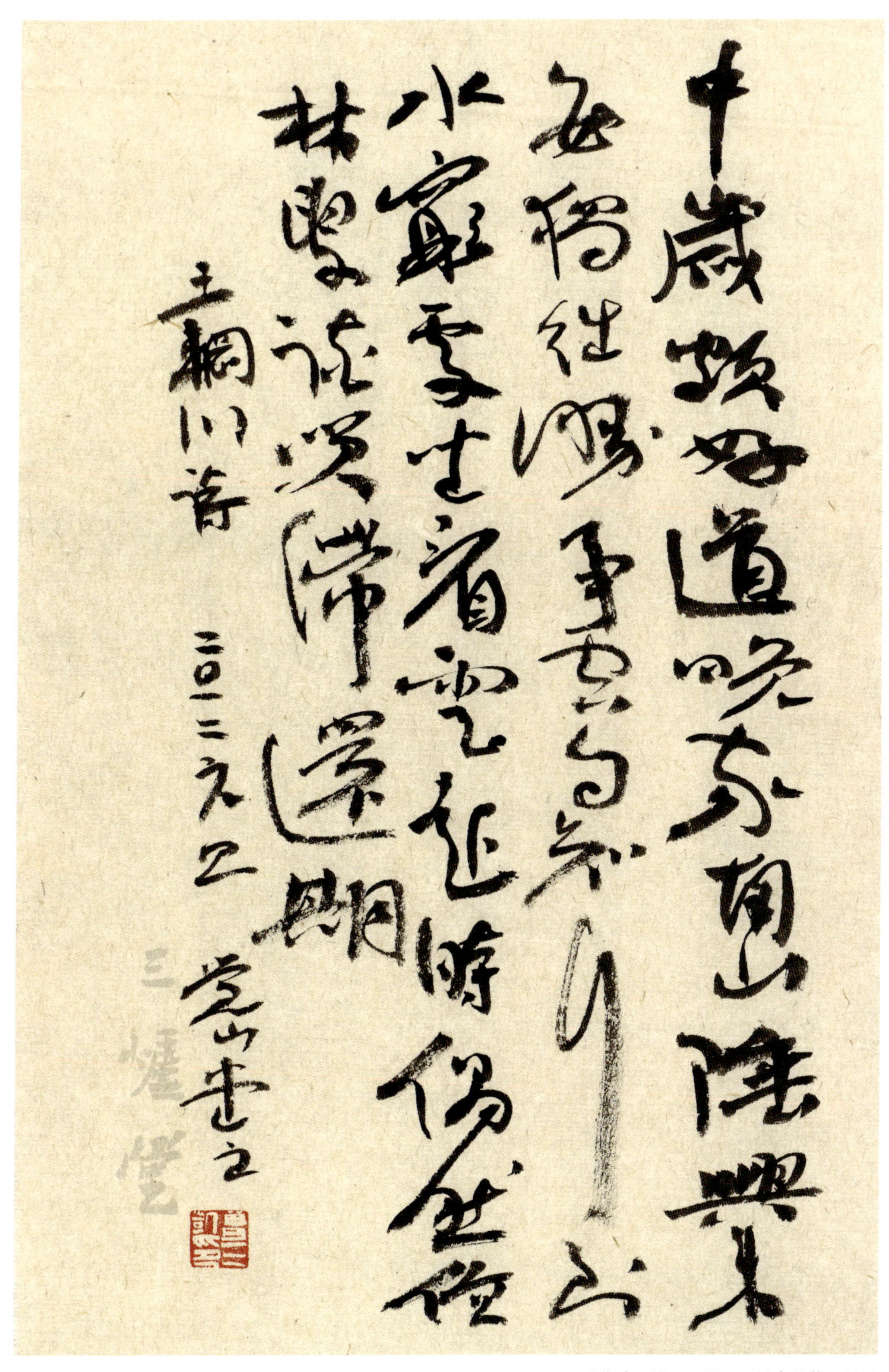

王维诗　28cm × 20cm　纸本墨笔　2012

书稿　28cm×20cm　纸本墨笔　2012【右】

王昌龄诗　28cm×20cm　纸本墨笔　2012【左】

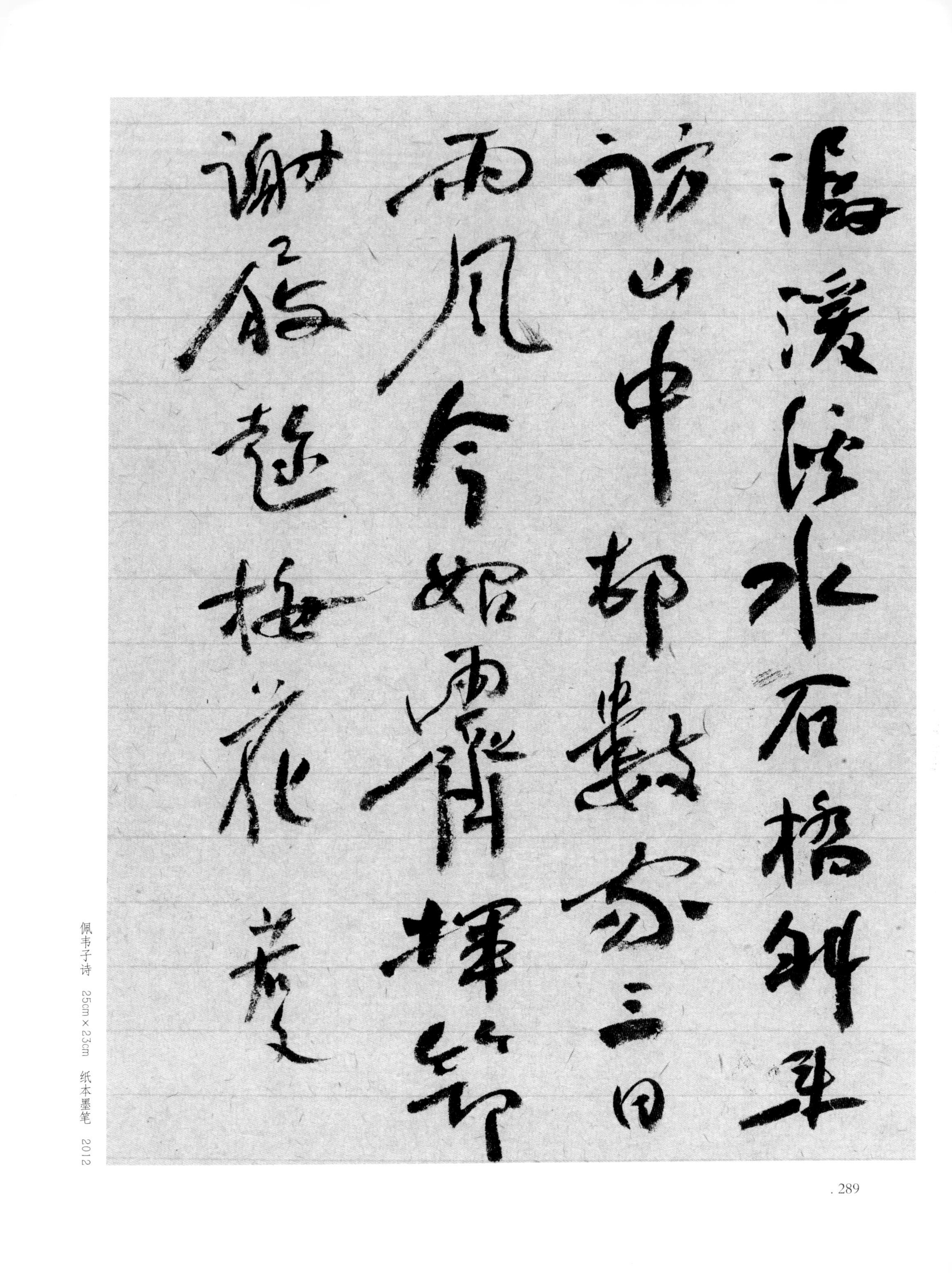

佩韦子诗　25cm×23cm　纸本墨笔　2012

名心未化對妻孥尔白於
花隱客釋然即無夢
寐皆成楚
遠水樹中白
寒山天外青

书稿 28cm×20cm 纸本墨笔 2012

漏曳夺取联 190cm×45cm×2 纸本墨笔 2012

訓以常彝儀如蕭氏禍
化自詔江天子乃擇切臣
蓋柏屬於路五月懷詔
遂贈本官集贈謚騶將
襲於州之中堂臣僚慘吏
民感戀扶攜執紼者軒

臨元緒碑　134cm×34cm×6　纸本墨笔　2004

芽邦朝野懿道尊雅聲
韶叢乃抽徽容平政刑
以為非風遇顯祖不奪
廉志逢同咏世乎清玉及
於甸嶓塚崎嶇曾險民
勃君無能撫者遂榮君

禮跡並圖繢於鼎廟性
心雖容於自得之地無河
時逢雲理輸鵠翼青舜
均宗石歸裁民命壽光
軍洛州刺史君高闌星
亂張天羅招之以命日康

临元绪碑　134cm×34cm×6　纸本墨笔　2004

景明為宗正卿非其好也
肆之風敦以湛露之義
哉春秋五十九者其器
慕節者歆其神蘭沁度
陽城之西北樹塋於高無
遠鐫石刊芳以彰先閑

曾三凯／附录

Zeng Sankai

出版有《中国艺术家年鉴·曾三凯卷》（文化艺术出版社），《中国当代青年画家丛书——曾三凯》（河北美术出版社），《新院体水墨——曾三凯》（中国美术学院出版），《画道文心书系——曾三凯卷》（江西美术出版社），《气结殷周雪》（博士论文）（文化艺术出版社），《痕迹书系——曾三凯卷》（安徽美术出版社），《2010年度水墨——曾三凯》（河北美术出版社），《曾三凯书法集》（荣宝斋）等个人专集。

艺术年表

1995年 书法作品入选全国第六届中青年书法篆刻展。

1998年 作品参加“一九九八中国山水画展”，中国画研究院。

作品《九华系列》获“美苑杯”全国美术院校毕业作品国画类最高奖。

毕业论文《“虚、实”论》获“美苑杯”全国美术院校毕业论文评比优秀论文奖。

1999年 作品《山影依旧》(合作)、《梵籁》入选全国第九届美术作品展览，并均获优秀作品。

《清音》参加浙江美术作品展览并获银奖。

2002年 作品参加“水墨印象”成都、重庆、深圳巡回展。

2003年 作品参加“点击传统——中青年国画家提名展”，广州。

中国美术学院展览馆举办硕士研究生毕业个展。

2004年 作品参加“传承与融合”——中青年画家提名展，深圳。

2005年 作品中韩青年优秀画家邀请展览，北京当代美术馆。

2006年 作品参加“此情此景——风景与山水”巡回展。北京、济南

“水墨再生2006上海新水墨艺术大展”。

浙江美术年——全国青年画家邀请展，浙江台州。

2007年 举办“博士生毕业个展”。

“破·格”山水画展，北京炎黄艺术馆。

“翰逸神飞”十博士书画联展，北京。

曾三凯书画作品展，徐州。

2008年 作品参加“中国画名家邀请展”，中国国家画院。

举办“曾三凯作品展”，徐州。

论文《论潘天寿山水画艺术特点》发表于浙江文化厅主办的《文化艺术研究》

选为文化部青年书法篆刻委员会委员

2009年 论文《潘天寿的山水画》发表于中国艺术研究院主办的

国家核心期刊《中华文化画报》

作品参加“天工开悟——新知识分子艺术家作品展”。北京

作品参加“百年陆俨少薪火相传——中青年山水画家邀请展”，杭州。

2010年 作品参加“2170江山如此多娇——山水画展”，南京。

2011年 作品参加“青瓷新韵——名家瓷器六人展”，北京国粹院 。

作品参加“正大气象——中国艺术研究院中国画院巡回展”，北京、杭州、济南、郑州。

作品参加“书画同源——中国艺术研究院优秀青年画家联展”，北京。

作品参加“风华正茂——泉州美术大观展览”，泉州。

作品参加“青瓷新韵——中国艺术研究院中国画院瓷器作品展”，北京。

作品参加“2170江山如此多娇——山水画第二回展”，南京。

举办“曾三凯书画作品展”，淄博。

2012年 作品参加“同在蓝天下——为农民工塑像大展”，中国国家博物馆。

作品参加“2170——中国画邀请展”，南京。

作品参加“中国画核心画家六十人展”，中国国家画院美术馆。

作品参加“中国画名家学术邀请展”，江苏扬州。

作品参加“中日邦交正常化四十年中日绘画联展”，北京、石川。

出版

《中国当代青年画家丛书——曾三凯》，河北美术出版社。

《新院体水墨——曾三凯》，中国美术学院出版。

《画道文心书系——曾三凯卷》，江西美术出版社。

《气结殷周雪》（博士论文），文化艺术出版社。

《痕迹书系——曾三凯卷》，安徽美术出版社。

《2010年度水墨——曾三凯》，河北美术出版社。

《曾三凯书法作品集》，荣宝斋。

《中国艺术家年鉴·曾三凯卷》，文化艺术出版社。

特别感谢以下单位大力支持
北京金悦集团公司
今日美术馆
颂雅风图书发行有限公司
鉴藏艺术沙龙
宏宝斋
大观书屋